PRECES
Espíritas

edição mais fácil de ler

PRECES
Espíritas

Orações Diárias à Luz do **Espiritismo**

Dufaux
editora

PRECES ESPÍRITAS
Extraído do original em francês: *L'Évangile Selon Le Spiritisme*
Domínio Público Allan Kardec (1864)
Copyright © de adaptação 2020 by Editora Dufaux

1ª Edição | Junho 2022 | 1º ao 3º milheiro

Dados Internacionais de Catalogação Pública (CIP)
(Câmara Brasileira do Livro, SP, Brasil)

Kardec, Allan, 1804-1869

Preces espíritas : orações diárias à luz do espiritismo / Allan Kardec ; [adaptação Maria José da Costa]. -- Belo Horizonte, MG : Editora Dufaux, 2022.

ISBN 978-65-87210-29-2

1. Espiritismo 2. Orações I. Costa, Maria José da. II. Título.

22-111602   CDD 133.93

Índices para catálogo sistemático: 1. Orações : Espiritismo 133.93
Eliete Marques da Silva - Bibliotecária - CRB-8/9380

Impresso no Brasil – Printed in Brazil – Presita en Brazilo

EDITORA DUFAUX BRASIL
Rua Contria, 759
CEP 30411-270 - Belo Horizonte - MG
Telefone: (31) 3347-1531
www.editoradufaux.com.br | comercial@editoradufaux.com.br

EDITORA DUFAUX EUROPA
www.dufauxeurope.com | dufauxeuropa@editoradufaux.com.br

Conforme novo acordo ortográfico da língua portuguesa ratificado em 2008.

SUMÁRIO

PREFÁCIO DESSA EDIÇÃO 13

PARTE 1 — PEDI E OBTEREIS 16

Qualidades da prece.................17

Eficácia da prece...................18

Ação da prece. Transmissão do pensamento..............21

Preces compreensíveis 27

Sobre a prece pelos mortos e pelos espíritos sofredores 28

Instruções dos Espíritos 31

    Maneira de orar...................31

    A felicidade que a prece proporciona....................34

PARTE 2 — COLETÂNEA DE PRECES ESPÍRITAS......... 36

    1. Considerações Gerais.................37

PRECES GERAIS **40**

    2. Considerações ao Pai Nosso................41

    3. Oração ao Pai Nosso................42

    4. Reuniões espíritas 49

    5. Considerações às reuniões espíritas 49

    6. Prece para o começo da reunião..................51

    7. Para os médiuns...................52

    8. Considerações aos médiuns 52

    9. Prece para o médium...................54

    10. Prece para o fim da reunião....................56

PRECES POR AQUELE MESMO QUE ORA.......... **57**

    11. Considerações aos guardiões e aos espíritos protetores........58

    12. Prece por aquele mesmo que ora – 1...................59

    13. Prece por aquele mesmo que ora – 2...................60

14. Prece por aquele mesmo que ora – 3......................................60

15. Para afastar os maus espíritos..62

16. Considerações sobre afastar os maus espíritos 62

17. Prece para afastar os maus espíritos.......................................63

18. Considerações para superar um defeito 64

19. Prece para pedir ajuda a fim de corrigir um defeito 64

20. Considerações sobre resistir a uma tentação 66

21. Prece para afastar o mau pensamento....................................67

22. Considerações sobre o agradecimento por uma vitória........68

23. Prece de agradecimento 68

24. Considerações sobre pedir um conselho................................69

25. Prece para pedir conselho...70

26. Considerações sobre as aflições da vida.................................71

27. Prece para os momentos de aflições..71

28. Considerações sobre agradecer por um favor obtido 73

29. Prece para agradecer um pedido atendido.............................74

30. Considerações sobre as atitudes de obediência e de resignação...75

31. Prece pedindo por resignação – 1...75

32. Prece pedindo por resignação – 2...76

33. Prece pedindo por resignação – 3...76

34. Considerações em um perigo iminente...................................78

35. Prece pela vida..78

36. Considerações sobre agradecer por haver escapado de um perigo..79

37. Prece em agradecimento por escapar de um perigo 79

38. Considerações na hora de dormir 80

39. Prece antes do sono 81

40. Considerações na previsão de morte próxima.......................82

41. Prece para o momento do desencarne....................................82

PRECES PELOS OUTROS... 85

42. Considerações sobre alguém que esteja em aflição 86
43. Prece em benefício do próximo 86
44. Considerações sobre agradecer por um benefício concedido a outro...88
45. Prece pelo bem do outro 88
46. Considerações sobre nossos inimigos e àqueles que nos querem mal 89
47. Prece para perdoar os que nos ofenderam 89
48. Considerações sobre o bem concedido aos nossos inimigos 91
49. Prece pelo inimigo 91
50. Inimigos do Espiritismo..92
51. Considerações sobre os inimigos do Espiritismo..................92
52. Prece pelos inimigos do Espiritismo 94
53. Considerações sobre uma criança que acaba de nascer........96
54. Prece para uma criança que acaba te nascer – 1 96
55. Prece para uma criança que acaba de nascer – 2 97
56. Prece para uma criança que acaba de nascer – 3 97
57. Considerações sobre alguém que está à beira da morte 99
58. Prece por alguém que está para morrer 99

PRECES PELOS QUE JÁ NÃO ESTÃO NA TERRA................. 101

59. Considerações sobre alguém que acaba de morrer 102
60. Prece por um espírito que acabou de desencarnar – 1 102
61. Prece por um espírito que acabou de desencarnar - 2 104
62. Considerações sobre as pessoas a quem tivemos afeição 106
63. Prece pelas pessoas que amamos 106
64. Considerações sobre as almas sofredoras que pedem preces ..108
65. Prece para os espíritos que sofrem – 1 108
66. Prece para os espíritos que sofrem – 2 109
67. Considerações sobre um inimigo que morreu.......................110
68. Prece em favor de um inimigo que desencarnou 110

69. Considerações sobre um criminoso 111

70. Prece por um criminoso 111

71. Considerações sobre um suicida..112

72. Prece por alguém que se suicidou 112

73. Considerações sobre os espíritos arrependidos 114

74. Prece pelos espíritos arrependidos e sofredores 114

75. Considerações sobre os espíritos endurecidos......................116

76. Prece pelos espíritos imperfeitos 117

PRECES PELOS DOENTES E PELOS OBSIDIADOS 120

77. Considerações sobre os doentes 121

78. Prece a ser feita pelo próprio doente......................................122

79. Prece a ser feita para o doente 122

80. Prece para ser dita pelo médium curador...............................123

81. Considerações sobre os obsidiados...124

82. Prece para ser dita pelo obsidiado 126

83. Prece para ser dita em favor do obsidiado.............................127

84. Prece pelo espírito obsessor...128

Ficha Técnica 130

NOSSAS PUBLICAÇÕES.. 131

PREFÁCIO DESSA EDIÇÃO

A prece é a nossa ligação direta com Deus, que sempre corresponde e atende às nossas necessidades mais profundas.

A presente coletânea de preces foi extraída dos capítulos 27 e 28 do *O evangelho segundo o espiritismo*.

A nossa intenção, ao publicá-la separadamente, é a de divulgar as preces mais intensamente. Para isso, vamos disponibilizar também, gratuitamente, uma edição digital que as contenha. Para que possam imprimi-la aqueles que desejarem uma versão impressa.

Em função da dificuldade, apontada por vários leitores, de compreender a mensagem expressa nas traduções dos livros de Allan Kardec por meio de uma linguagem erudita, procuramos adequar a linguagem da obra para os dias atuais, com extremo cuidado de não alterar o significado da mensagem original.

Entre as principais melhorias, está a classificação mais clara e organizada das matérias, inclusive suas numerações, tornando mais fácil tanto a leitura da obra quanto a consulta aos temas.

Tiramos também da obra o conceito de punição, inferno, julgamentos, entre outros que consideramos contrários aos princípios consoladores do Espiritismo; e adotamos as abordagens dentro da visão dos erros como lições não aprendidas, das dificuldades e provas como novas oportunidades de aprendizado, deixando sempre o aspecto da reparação e da reabilitação do espírito como foco das propostas de transformação moral.

Nessas alterações, tivemos também o cuidado de usar sempre o sinônimo mais atual e adequado para cada palavra, sempre atentos em manter inalterada a transmissão das mensagens dos espíritos. Retiramos a narrativa da segunda pessoa do singular e passamos para a terceira pessoa, tanto do singular quanto do plural, tornando a fala mais direcionada para o leitor.

Os versículos da Bíblia nessa nossa edição foram baseados na tradução de João Ferreira de Almeida, em uma edição também revisada e corrigida.

Desejamos, sinceramente, que nosso trabalho agregue valor ao entendimento de uma obra tão importante como essa; colocando-nos sempre como instrumentos passíveis de erros – que estamos dispostos a corrigir –, realizamos o trabalho dentro das intenções mais legítimas e claras possíveis.

Que essas preces tragam consolo, paz e fortalecimento a todos os que estão buscando uma conexão mais profunda com Deus, fonte de todos os seres e de todos os mundos!

EQUIPE DUFAUX

PARTE 1

PEDI E OBTEREIS

QUALIDADES DA PRECE

1. *E, quando orares, não sejas como os hipócritas; pois se compra-zem em orar em pé nas sinagogas, e às esquinas das ruas, para serem vistos pelos homens. Em verdade vos digo que já receberam o seu galardão. Mas tu, quando orares, entra no teu aposento e, fechando a tua porta, ora a teu Pai que está em segredo; e teu Pai, que vê em secreto, te recompensará publicamente. E, orando, não useis de vãs repetições, como os gentios, que pensam que por muito falarem serão ouvidos. Não vos assemelheis, pois, a eles; porque vosso Pai sabe o que vos é necessário, antes de vós pedirdes.*[1]

2. *E, quando estiverdes orando, perdoai, se tendes alguma coisa con-tra alguém, para que vosso Pai, que está nos céus, vos perdoe as vos-sas ofensas. Mas, se vós não perdoardes, também vosso Pai, que está nos céus, não vos perdoará as vossas ofensas.*[2]

3. *E disse também esta parábola a uns que confiavam em si mes-mos, crendo que eram justos, e desprezavam os outros: Dois homens subiram ao templo, para orar; um, fariseu, e o outro, publicano. O fariseu, estando em pé, orava consigo desta maneira: Ó Deus, graças te dou porque não sou como os demais homens, roubadores, injus-tos e adúlteros; nem ainda como este publicano. Jejuo duas vezes na semana, e dou os dízimos de tudo quanto possuo. O publicano, po-rém, estando em pé, de longe, nem ainda queria levantar os olhos ao céu, mas batia no peito, dizendo: Ó Deus, tem misericórdia de mim, pecador! Digo-vos que este desceu justificado para sua casa, e não aquele; porque qualquer que a si mesmo se exalta será humilhado, e qualquer que a si mesmo se humilha será exaltado.*[3]

---

1 Mateus 6:5 a 8.

2 Marcos 11:25 e 26.

3 Lucas 18:9 a 14.

4. Jesus definiu claramente as qualidades da prece. Ele diz que, quando orar, não se coloquem em evidência, mas ore em segredo. Não ore muito, pois não é pela multiplicidade das palavras que somos escutados, mas pela sinceridade delas.

Antes de orar, se tiver qualquer coisa contra alguém, perdoe, visto que a prece não pode ser agradável a Deus, se não parte de um coração purificado de todo sentimento contrário à caridade.

Ore, enfim, com humildade, como o publicano, e não com orgulho, como o fariseu. Examine os seus próprios defeitos, não as qualidades e, ao se comparar aos outros, procure o que há de mau em si mesmo.

Eficácia da prece

5. *Por isso vos digo que todas as coisas que pedirdes, orando, crede receber, e tê-las-eis .*[4]

6. Há quem negue o poder da prece com base no princípio de que, se Deus conhece as nossas necessidades, seria inútil as expor para Ele. E acrescentam que tudo no Universo está encadeado por leis eternas, e que as nossas súplicas não podem mudar os decretos de Deus.

> ► Sem dúvida alguma, há leis naturais e imutáveis que não podem ser anuladas ao capricho de cada um. Mas daí a se crer que todas as circunstâncias da vida estão submetidas à fatalidade tem uma longa distância. Se fosse assim, o ser humano nada mais seria do que instrumento passivo, sem livre-arbítrio e sem iniciativa.

---

4 Marcos 11:24.

Nessa hipótese, a pessoa só poderia curvar a cabeça ao comando dos acontecimentos, sem considerar evitá-los; não deveria procurar se desviar do raio.

Deus não lhe concedeu o bom senso e a inteligência para que os deixasse sem utilidade, a vontade para não querer; a atividade para ficar inativo.

- ▸ Sendo livre para agir em um sentido ou em outro, seus atos acarretam consequências para si mesmo e aos outros que estão subordinadas ao que faz ou não.

Existem sucessos que forçosamente escapam à fatalidade e que não quebram a harmonia das leis universais devido à iniciativa de uma pessoa; do mesmo modo que o avanço ou o atraso do ponteiro de um relógio não anula a lei do movimento sobre a qual se funda o mecanismo.

Mas é possível que Deus concorde com certos pedidos sem perturbar a imutabilidade das leis que regem o conjunto, desde que essa concordância esteja sempre submetida à Sua vontade.

7. Seria ilógico deduzir do conceito: "Tudo o que pedir pela prece será concedido", que basta pedir para obter; assim como seria também injusto acusar a Deus se não atendesse a toda súplica que Lhe façam, uma vez que Ele sabe, melhor do que nós, o que é para o nosso bem.

É como procede um pai criterioso que recusa ao filho o que seja contrário aos interesses do próprio filho. Em geral, a pessoa apenas vê o presente, mas, se o sofrimento é de utilidade para a sua felicidade futura, Deus o deixará sofrer; como o cirurgião deixa que o doente sofra as dores de uma operação que lhe trará a cura.

- ▸ Deus concederá sempre a coragem, a paciência e a resignação se forem pedidas com confiança.

Também concederá a cada um os recursos para se tirar das dificuldades por seus próprios meios, mediante ideias que os bons espíritos farão com que sugiram em sua consciência, deixando-lhe, dessa forma, o mérito da ação.

Deus auxilia os que se ajudam a si mesmos de conformidade com este pensamento: "Ajude-se que o Céu o ajudará", mas não auxilia os que tudo esperam de um socorro externo, sem fazer uso das faculdades que possui. Entretanto, na maioria das vezes o que a pessoa quer é ser socorrida por milagre, sem despender do seu mínimo esforço.

8. Tomemos um exemplo. Uma pessoa está perdida no deserto. A sede a atormenta. Desfalecida, cai por terra. Pede a Deus que a ajude e espera. Nenhum anjo lhe virá dar de beber. Contudo, um bom espírito lhe sugere a ideia de se levantar e tomar uma das direções que tem diante de si. Temos aqui duas situações:

- Por um movimento maquinal, reunindo todas as forças que lhe restam, ela se ergue, caminha e descobre ao longe um riacho. Ao vê-lo, ganha coragem. Se tem fé, exclamará: "Obrigado, meu Deus, pela ideia que me inspirou e pela força que me deu";
- Se lhe falta a fé, dirá: "Que boa ideia tive! Que sorte a minha de tomar o caminho da direita, em vez do da esquerda! Às vezes, o acaso nos serve admiravelmente! Quanto me felicito pela minha coragem e por não me ter deixado abater!".

Mas poderão perguntar: "Por que o bom espírito não lhe disse claramente: 'Siga este caminho, que encontrará o que necessita'? Por que não se mostrou para guiá-lo e sustentá-lo no seu desfalecimento? Dessa maneira, teria convencido a pessoa da intervenção de Deus".

- Primeiramente, para lhe ensinar que cada um deve ajudar a si mesmo e fazer uso das suas forças;
- Depois, pela incerteza, Deus põe à prova a confiança que a criatura deposita Nele e a submissão desta à Sua vontade.

Aquele pessoa estava na situação de uma criança que cai e que vê alguém, e se põe a gritar, ficando à espera de que a venham levantar, mas, se ela não vê pessoa alguma, faz esforços e se ergue sozinha.

Se o anjo que acompanhou Tobias tivesse lhe dito no início da viagem: "Sou enviado por Deus para guiá-lo na sua viagem e preservá-lo de todo perigo", Tobias não teria nenhum mérito. Confiando totalmente no seu companheiro, nem sequer precisaria pensar nos desafios do caminho. Essa é a razão por que o anjo só se deu a conhecer ao regressarem. [5]

Ação da prece. Transmissão do pensamento

9. A prece é uma solicitação mediante a qual a pessoa entra em comunicação a quem se dirige, pelo pensamento. Pode ter por objetivo um pedido, um agradecimento ou uma glorificação.

- Podemos orar por nós mesmos ou por outros, pelos vivos ou pelos mortos.
- As preces feitas a Deus são escutadas pelos espíritos incumbidos da execução de Suas vontades; as que se dirigem aos bons espíritos são encaminhadas a Deus.
- Quando alguém ora a outros seres que não a Deus, faz isso recorrendo a intermediários, a intercessores, porquanto nada sucede sem a vontade de Deus.

---

5 Tobias pediu a um desconhecido que o acompanhasse numa viagem, na qual traria um remédio para seu pai; já tendo chegado, no momento do agradecimento, o guia se revelou como o Arcanjo Rafael.

10. O Espiritismo torna compreensível a ação da prece explicando o modo de transmissão do pensamento, tanto no caso em que o ser a quem oramos atenda diretamente ao nosso apelo, quanto no caso em que apenas lhe chegue o nosso pensamento.

Para compreendermos o que ocorre em tal circunstância, precisamos idealizar todos os seres, encarnados e desencarnados, mergulhados no fluido universal que ocupa o espaço, tal qual nos achamos dentro da atmosfera, neste mundo.

- Esse fluido recebe da vontade um impulso; é o veículo do pensamento, como o ar o é do som, com a diferença de que as vibrações do ar são circunscritas, enquanto as do fluido universal se estendem ao infinito;
- Dirigido o pensamento para um ser qualquer, na Terra ou no espaço, de encarnado para desencarnado ou vice-versa, uma corrente fluídica se estabelece entre um e outro, transmitindo de um ao outro o pensamento, como o ar transmite o som;
- A energia dessa corrente guarda proporção com a do pensamento e da vontade. É assim que os espíritos ouvem a prece que lhes é dirigida de qualquer lugar onde se encontrem; é assim que os espíritos se comunicam entre si, que nos transmitem suas inspirações e que as relações se estabelecem à distância entre os encarnados.

Essa explicação vai, sobretudo, para os que não compreendem a utilidade da prece puramente mística. Não tem por fim materializar a prece, mas tornar-lhe compreensíveis os seus efeitos, mostrando que pode exercer ação direta e efetiva. Nem por isso deixa essa ação de estar subordinada à vontade de Deus, Juiz Supremo em todas as coisas, único apto a torná-la eficaz.

11. Pela prece, o ser humano obtém a ajuda dos bons espíritos, que comparecem para sustentá-lo em seus bons propósitos e inspirar-lhe ideias saudáveis.

- Desse modo, a pessoa adquire a força moral necessária para vencer as dificuldades e voltar ao caminho reto se deste se afastou;
- Por esse meio, pode também desviar de si os males que atrairia pelas suas próprias faltas.

Por exemplo, uma pessoa tem a sua saúde arruinada em consequência dos excessos a que se entregou e arrasta uma vida de sofrimento até o fim de seus dias: ela terá o direito de se queixar se não obtiver a cura que deseja? Não, pois, anteriormente, poderia ter encontrado na prece a força para resistir às tentações.

12. Em duas partes se dividem os males da vida:

- Uma é constituída dos males que o homem não pode evitar;
- E a outra, das dificuldades nas quais suas atitudes são a causa primária, ou pelo seu descuido, ou por seus excessos. Essa segunda excede de muito à primeira em quantidade.

Fica evidente que o homem é o autor da maior parte das suas aflições, às quais se pouparia se sempre agisse com sabedoria e prudência.

É certo que todas essas misérias resultam das nossas infrações às leis de Deus e que, se as observássemos pontualmente, seríamos inteiramente felizes:

- Se não ultrapassássemos o limite do necessário na satisfação das nossas necessidades, não sofreríamos com as enfermidades que resultam dos excessos, nem experimentaríamos as contrariedades que as doenças causam;

- Se puséssemos freio à nossa ambição, não teríamos de temer a ruína;
- Se não quiséssemos subir mais alto do que podemos, não teríamos de recear a queda;
- Se fôssemos humildes, não sofreríamos as decepções do orgulho abatido;
- Se praticássemos a lei de caridade, não seríamos maledicentes, nem invejosos, nem avarentos, e evitaríamos as disputas e dissensões;
- Se não fizéssemos mal a ninguém, não temeríamos as vinganças etc.

Admitamos que a pessoa não possa fazer nada com relação aos outros males; que toda prece lhe seja inútil para livrar-se deles. Já não seria muito ter a possibilidade de ficar livre de todos os que decorrem da sua maneira de proceder? Assim, facilmente se compreende a ação da prece, visto que tem por efeito atrair a inspiração salutar dos espíritos bons, obter deles força para resistir aos maus pensamentos, cuja realização pode nos ser terrível.

> Nesse caso, o que os espíritos bons fazem não é afastar o mal de nós, mas sim nos desviar do mau pensamento que pode causar dano. Em nada eles impedem o cumprimento dos decretos de Deus, nem suspendem o curso das leis da Natureza; apenas evitam que as desrespeitemos, orientando o nosso livre-arbítrio.

> Contudo, os espíritos bons agem independentemente do nosso querer, de maneira imperceptível, para não nos subjugar a vontade.

A pessoa se acha na posição de solicitar bons conselhos e os põe em prática, mas conservando a liberdade de segui-los ou não. Deus quer que seja assim, para que ela tenha a responsabilidade dos seus atos e o mérito da escolha entre o bem e o mal. É isso o que ela pode estar sempre certa de receber se pedir com fervor, aplicando assim estas palavras: "Pedi e obtereis".

Mesmo com sua eficácia reduzida a essas proporções, a prece já não traria resultados imensos? O Espiritismo estava programado para nos provar a sua ação, em nos revelar as relações existentes entre o mundo material e o mundo espiritual. Mas os efeitos da prece não se limitam aos que apontamos. Recomendam-na todos os espíritos.

> Renunciar à prece é o mesmo que negar a bondade de Deus; é recusar para si e para os outros a Sua assistência; é abrir mão do bem que lhes pode fazer.

13. Concedendo ao pedido que Lhe faz, Deus muitas vezes tem por objetivo recompensar a intenção, o devotamento e a fé daquele que ora.

> Daí se conclui que a prece da pessoa de bem tem mais merecimento aos olhos de Deus e mais força, porque quem é vicioso e mau não pode orar com o fervor e a confiança que somente nascem do sentimento da verdadeira piedade.

Do coração do egoísta, do que ora apenas da boca para fora, só saem palavras, nunca os desejos de caridade, que dão à prece todo o seu poder. Isso é tão fácil de se compreender que, por um movimento instintivo, quem quer pedir que outros orem por si busca de preferência aqueles cujo proceder é mais agradável a Deus, pois são ouvidos mais rapidamente.

14. Como a prece tem uma ação magnética, supõe-se que o seu efeito depende da força fluídica. Mas não é assim.

Os espíritos exercem uma ação sobre as pessoas e, quando necessário, suprem a insuficiência daquele que ora:

• Ou agem diretamente em seu nome;

- Ou lhe dão momentaneamente uma força excepcional quando o julgam digno dessa graça;
- Ou que a graça pode lhe ser proveitosa.

Aqueles que não se considerarem suficientemente bons para exercer uma influência saudável em benefício do próximo não devem deixar de orar por causa da ideia de que não são dignos de serem escutados.

- A consciência da sua inferioridade já constitui uma prova de humildade, que é sempre boa para Deus, que leva em conta a sua intenção caridosa. Seu fervor e sua confiança são um primeiro passo para a sua transformação ao bem; e os espíritos bons se sentem felizes em incentivá-lo;
- Só não é atendida a prece do orgulhoso, que deposita mais fé no seu poder, nos seus merecimentos e acredita ser possível se sobrepor à vontade de Deus.

15. O poder da prece está no pensamento, que não depende nem das palavras, nem do lugar, nem do momento em que ela seja feita. Pode-se orar em toda parte e a qualquer hora, a sós ou com outras pessoas. A influência do lugar ou do tempo só se faz sentir como aspectos que favoreçam o recolhimento.

- A prece em comum tem ação mais poderosa quando todos os que oram se associam de coração a um mesmo pensamento e desejam o mesmo objetivo; é como se muitos clamassem juntos e em uníssono;
- Mas o que importa se o número de pessoas reunidas para orar seja grande, se cada uma atua isoladamente e por conta própria?

Cem pessoas juntas podem orar como egoístas, enquanto duas ou três ligadas por uma mesma aspiração vão orar como verdadeiros irmãos em Deus; mais força terá a prece que Lhe dirijam do que a das cem outras.

PRECES COMPREENSÍVEIS

16. Com relação ao entendimento da prece:

- Se eu não entender o que significam as palavras da pessoa com quem falo, serei um ignorante; e aquele que me fala será para mim um bárbaro;
- Se oram numa língua que não entendo, meu coração ora, mas a minha inteligência não colhe o fruto dessa prece;
- Se louvam a Deus apenas de coração, como é que os outros que oram junto, e só entendem a sua própria língua, responderão amém no fim da prece se não entendem o que se diz?

Não é que a ação não seja boa, mas os outros não se edificam com ela.[6]

17. A prece só tem valor pelo pensamento que lhe está conjugado. É impossível conjugar um único pensamento ao que não se compreende, pois o que não se compreende não pode tocar o coração. Para a imensa maioria das criaturas, as preces feitas em uma língua que elas não entendem não passam de misturas de palavras que não dizem nada ao espírito.

> Para que uma prece toque os corações, é necessário que cada palavra desperte uma ideia, mas, se não é entendida, nenhuma ideia a oração poderá despertar.

Será dita como uma simples fórmula, cujo valor dependerá do maior ou menor número de vezes que a repitam. Muitos oram por dever, alguns por obediência aos costumes e, assim, sentem-se

---

6 I Coríntios 14:11, 14, 16 e 17.

livres do compromisso, desde que tenham dito uma oração um determinado número de vezes e em tal ou qual ordem.

- ► Deus vê o que se passa no fundo dos corações, lê o pensamento e percebe a sinceridade. Julgá-Lo mais sensível à forma do que ao fundo é rebaixá-Lo.

SOBRE A PRECE PELOS MORTOS E PELOS ESPÍRITOS SOFREDORES

18. Os espíritos sofredores pedem preces, e estas lhes são proveitosas porque percebem que existe alguém que pensa neles e se sentem menos abandonados e infelizes. A prece tem sobre eles uma ação bem direta: reanima-os, provoca neles o desejo de se elevarem pelo arrependimento e pela reparação e, possivelmente, desvia-lhes o pensamento do mal. É nesse sentido que a prece pode não só aliviar, como abreviar seus sofrimentos.

19. Há pessoas que não admitem a prece pelos mortos porque acreditam que a alma só tem duas alternativas: ser salva ou ser condenada às penas eternas, e em ambos os casos a prece seria inútil.

Sem discutir o valor dessa crença, admitamos, por alguns instantes, a realidade das penas eternas e imperdoáveis e que as nossas preces sejam impotentes para pôr fim a elas. Perguntamos:

- Nessa hipótese, será lógico, caridoso e cristão recusar a prece pelos maus?
- Por mais impotentes que fossem essas preces de os liberar, não seriam uma demonstração de piedade capaz de abrandar os seus sofrimentos?
- Quando uma pessoa é condenada à prisão perpétua no plano físico, quando não há a mínima esperança de se obter para

ela o perdão, será proibido a uma pessoa caridosa ir ajudá-la a carregar os peso das cadeias, para aliviá-la?

- Quando alguém é atacado por um mal incurável, ele deve ser abandonado por não haver nenhuma esperança de cura, sem receber qualquer alívio?
- Se entre os malfeitores pode se encontrar uma pessoa que foi importante para vocês, um amigo, talvez um pai, uma mãe ou um filho, digam se, não tendo a possibilidade de ser perdoado, iriam lhe recusar um copo d'água, para matar sua sede, ou um remédio que secasse as suas feridas?
- Não fariam por ele o mesmo que por um condenado? Não lhe dariam uma prova de amor, uma consolação?

Uma crença que endurece o coração é incompatível com a fé em um Deus que põe, como primeiro dever, o amor ao próximo. Isso não seria cristão. O fato de as penas não serem eternas não nega que haja um corretivo temporário, pois, em Sua justiça, não é possível que Deus confunda o bem e o mal.

Negar a eficácia da prece seria negar a utilidade da consolação, dos encorajamentos, dos bons conselhos; seria negar a força que conseguimos com a assistência moral dos que nos querem bem.

20. Outros se prendem em uma razão mais enganadora: o fato de que os decretos divinos não mudam. Afirmam que Deus não pode mudar as Suas decisões a pedido das criaturas. Se isso acontecesse, o mundo não teria estabilidade. O ser humano não tem nada de que pedir a Deus, só lhe cabe se submeter e adorá-Lo.

Nesse modo de raciocinar, há uma aplicação falsa do princípio da imutabilidade da lei divina, ou melhor, uma ignorância da lei com relação às ações corretivas futuras. Hoje, os espíritos já revelaram mais dessa lei divina, porque o ser humano se tornou suficientemente maduro para compreender o que é de acordo ou contrário aos atributos divinos na fé.

Na regra da eternidade absoluta das penas, não se leva em conta os remorsos e o arrependimento do culpado. Para ele, é inútil qualquer desejo de se melhorar, uma vez que está condenado a se manter para sempre no mal. Porém, se a sua condenação se aplica a um determinado período de tempo, a pena acabará uma vez expirado esse tempo.

- Mas quem poderá afirmar que o culpado possui, então, melhores sentimentos?
- Quem poderá dizer que, a exemplo de muitos condenados, ao sair da prisão ele não seja tão mal quanto antes?

No caso da eternidade absoluta das penas, uma pessoa que se voltou para o bem seria mantida no sofrimento. No segundo, seria perdoar a um que continua culpado. A lei de Deus é mais previdente do que a humana. Sempre justa, desapaixonada e misericordiosa, não estabelece para a pena, qualquer que ela seja, duração alguma.

21. Ela se resume assim:

- O homem sofre sempre a consequência de suas faltas. Não há uma só infração à lei de Deus que fique sem a correspondente correção;
- A severidade da correção é proporcional à gravidade da falta;
- A duração do sofrimento é indeterminada para qualquer falta. Fica vinculada ao arrependimento do culpado e ao seu retorno ao bem; a pena dura tanto quanto a insistência no mal e seria perpétua se a insistência durasse para sempre, mas dura pouco se o arrependimento vem rápido;
- Desde que o culpado peça por misericórdia, Deus o ouve e lhe concede a esperança. Mas não basta o simples pesar que

resulta do mal causado; é necessária a reparação, pois o culpado se vê submetido a novas provas em que pode praticar o bem sempre por sua livre vontade, reparando o mal que tenha feito;

- O ser humano é sempre o árbitro de sua própria sorte; ele pode abreviar ou prolongar indefinidamente o seu sofrimento; a sua felicidade ou a sua desgraça dependem da vontade que tem de praticar o bem.

Essa é a lei imutável e em conformidade com a bondade e a justiça de Deus. Nela, o espírito culpado e infeliz pode sempre salvar a si mesmo: a lei de Deus estabelece a condição em que é sempre possível fazer isso. O que acontece, na maioria das vezes, é que lhe falta a vontade, a força e a coragem. Se, com nossas preces, inspiramos essa vontade a ele, se o amparamos e animamos, se lhe damos os esclarecimentos de que precisa pelos nossos conselhos e se, ao invés de pedirmos a Deus que invalide a Sua lei, tornamo-nos instrumentos para outra lei Sua, a de amor e de caridade, Ele nos permitirá participar desse processo de recuperação, para oferecermos, com isso, uma prova de caridade a nós mesmos.

Instruções dos Espíritos

Maneira de orar

22. A prece é a primeira atitude que devemos ter ao finalizar e ou ao retomar as atividades de cada dia. É o dever primordial de toda criatura humana.

Quase todos oram, mas muito poucos são os que sabem orar! Que importam a Deus as frases que vocês articulam maquinalmente umas e outras, fazendo disso um hábito, um dever que cumprem e que pesa como qualquer outro dever?

Seja qual for o culto, a prece do cristão, do espírita, deve:

- Ser feita logo que o espírito retome o corpo físico após o sono;
- Se elevar a Deus com humildade, com profundeza, numa força de reconhecimento por todos os benefícios recebidos até àquele dia; e pela noite transcorrida, durante a qual lhe foi permitido se encontrar com os seus amigos e com os seus guias espirituais, para receber mais força e perseverança no contato com eles, ainda que não tenha consciência disso;
- Subir humilde até Deus, para colocar a sua fraqueza sob a orientação Dele, para suplicar amparo, indulgência e misericórdia;
- Ser profunda, porque é a sua alma que tem de se elevar para Deus, de se transfigurar como Jesus no Tabor,[7] a fim de lá chegar nívea e radiosa de esperança e de amor;
- Conter o pedido das graças de que realmente necessita. É inútil pedir a Deus que diminua suas provas, que lhe dê alegrias e riquezas;
- Pedir a Ele que conceda os bens mais preciosos da paciência, da resignação e da fé;
- Não dizer, como muitos o fazem: "Não vale a pena orar, pois Deus não atende";
- Devem orar constantemente, sem que, para isso, faça-se necessário se recolher a um oratório ou se colocar de joelhos nas praças públicas.

O que vocês pedem a Deus na maioria dos casos? Já se lembraram de pedir a melhoria moral? Oh! Não; bem poucas vezes têm feito isso. O que mais se lembram de pedir é o bom êxito para as suas realizações terrenas, e ainda dizem com frequência: "Deus não se ocupa conosco, se Ele se ocupasse, não existiriam tantas injustiças". Insensatos! Ingratos! Se entrassem a fundo da consciência de vocês, quase sempre encontrariam em si mesmos o ponto de

---

7 Mateus 17:1 a 4.

partida dos males dos quais se queixam. Pedi, pois, antes de tudo, peçam que possam se melhorar e verão que chuva de graças e de consolações se derramará sobre vocês.

A prece do dia é:

- O cumprimento de um dever, sem exceção de nenhum outro, independente da natureza de cada um;
- Um ato de amor a Deus, por assistir aos irmãos numa necessidade, moral, material ou física;
- Um ato de reconhecimento é elevar a Ele os pensamentos quando uma felicidade acontece, quando um acidente é evitado, quando uma simples contrariedade toca a alma, desde que não se deixe de exclamar: "Seja bendito, Pai!";
- Um ato de humildade diante de Deus quando se sente que falhou, mesmo que essa falha seja somente por um pensamento fugaz, mas pode dizer: "Perdoai-me, meu Deus, pois pequei por orgulho, por egoísmo, ou por falta de caridade, mas me dê forças para não falhar de novo e coragem para a reparação da minha falta!"

Todos esses pontos independem das preces regulares da manhã, da noite e das ocasiões importantes. A prece pode ser de todos os instantes, sem causar nenhuma interrupção aos trabalhos. Dita assim, ela, ao contrário, santifica-os. Tenha como certo que, se partir do coração, um só desses pensamentos é mais ouvido por Deus do que as longas orações ditas por hábito, muitas vezes sem causa determinante, e às quais apenas maquinalmente se faz numa hora convencional.

MONOD[8] (BORDÉUS, 1862)

---

8 Adolphe Louis Frédéric Théodore Monod foi um clérigo protestante francês do Século 18. (N.E.)

A felicidade que a prece proporciona

23. Venham os que desejam crer. Os espíritos celestes surgem para anunciar coisas grandiosas. Deus, meus filhos, abre os Seus tesouros para conceder todos os benefícios a vocês.

Pessoas incrédulas! Se soubessem quão bem a fé faz ao coração e como induz a alma ao arrependimento e à prece!

- ► Ah! A prece! Como são tocantes as palavras que saem da boca daquele que ora! Ela é o orvalho divino que acalma o calor excessivo das paixões.
- ► Filha primogênita da fé, a prece nos encaminha para a estrada que conduz a Deus.

No recolhimento e na solidão, se está com Deus. Já não há mistérios para vocês, eles se desvendam. Apóstolos do pensamento, a vida é para vocês. Suas almas se desprendem da matéria e rolam por esses mundos infinitos e etéreos, que os pobres homens desconhecem.

Avancem pelas trilhas da prece e ouvirão as vozes dos anjos. Que harmonia! Já não são o ruído confuso e os sons agudos da Terra, são as liras dos arcanjos, as vozes brandas e suaves dos serafins, mais delicadas do que as brisas matinais, quando brincam na folhagem dos seus bosques. Por entre que delícias não caminharão!

A linguagem terrena não poderá descrever essa ventura, tão rápida ela entra por todos os seus poros, o manancial em que se bebe, ao orar, é tão vivo e refrigerante. A alma ouve doces vozes e aspira inebriantes perfumes quando se lança a essas esferas desconhecidas e habitadas pela prece!

Sem resíduos de desejos carnais, são divinas todas as aspirações. Que vocês também orem como o Cristo, levando a Sua cruz ao Gólgota, ao Calvário. Carreguem a sua cruz e sentirão as doces emoções que Lhe percorriam n'alma, mesmo estando vergado ao peso de um madeiro infamante. Jesus ia morrer, mas para viver a vida celestial na morada de seu Pai.

AGOSTINHO DE HIPONA[9] (PARIS, 1861)

---

9 Aurélio Agostinho de Hipona, conhecido popularmente como Santo Agostinho, foi um dos mais importantes teólogos e filósofos nos primeiros séculos do Cristianismo, cujas obras foram muito influentes no desenvolvimento do Cristianismo e filosofia ocidental. (N.E.)

PARTE 2

COLETÂNEA DE
PRECES ESPÍRITAS

1. CONSIDERAÇÕES GERAIS

Os espíritos sempre disseram: *"A forma nada vale, o pensamento é tudo. Por isso cada um deve orar de acordo com suas ideias e da maneira que mais o sensibilize. Um bom pensamento vale mais que um grande número de palavras com as quais nada tenha o coração".*[10]

Os espíritos jamais aconselharam qualquer fórmula absoluta de preces. Quando sugerem alguma é apenas para fixar as ideias e, sobretudo, para chamar a atenção sobre certos princípios da Doutrina Espírita. Também aconselham com o objetivo de auxiliar os que sentem dificuldade para expor suas ideias e porque têm algumas pessoas que não acreditariam ter orado realmente se não verbalizassem seus pensamentos.

A coletânea de preces contida que neste livro representa uma escolha feita entre muitas que os espíritos ditaram em várias circunstâncias. Sem dúvida, eles podem ter ditado outras e em palavras diversas, apropriadas a certas ideias ou a casos especiais; mas pouco importa a forma se o pensamento é essencialmente o mesmo.

> ▸ O objetivo da prece é elevar nossa alma a Deus. A diversidade das orações não cria nenhuma diferença para aqueles que creem Nele; e ainda menos entre os praticantes do Espiritismo, porque Ele aceita todas as preces quando são sinceras.

Não é preciso considerar esta coletânea como um formulário absoluto e único, ela é apenas uma variedade no conjunto dos ensinos dos espíritos. É uma aplicação dos princípios da moral evangélica desenvolvidos, um complemento aos ditados deles, relativos aos

---

10 O livro dos espíritos. Introdução ao estudo da doutrina espírita.

deveres para com Deus e com o próximo, no qual são lembrados todos os princípios da Doutrina.

O Espiritismo reconhece como boas as preces de todos os cultos quando elas são feitas de coração, e não só com os lábios. Não impõe nem reprova nenhuma. Deus é grande para não ouvir a voz que Lhe súplica ou entoa louvores, porque o faz de um modo, e não de outro.

► Quem quer que reprove as preces que não estejam no seu formulário provará que desconhece a grandeza de Deus. Crer que Ele se limita a uma fórmula é emprestar-Lhe a pequenez e as paixões deste mundo.

Uma condição essencial da prece é a de que ela seja compreensível, para nos tocar o espírito. Para isso, não basta que seja dita em uma língua que aquele que ora compreenda. Há preces em linguagem comum que não dizem ao pensamento muito mais do que se fossem proferidas em língua estrangeira e que não chegam ao coração. As raras ideias que elas contêm ficam, na maioria das vezes, abafadas pela grande quantidade das palavras e pelo misticismo da linguagem.

► A qualidade principal da prece é ser clara, simples, breve, sem fraseologia inútil e sem o luxo dos enfeites de brilho falso. Cada palavra deve ter alcance próprio, despertar uma ideia, pôr em vibração uma fibra da alma. Em uma palavra: deve fazer refletir. Somente nessa condição a prece alcançará o seu objetivo. De outro modo, não passa de ruído.

Entretanto, notem com que ar distraído e com que instabilidade as preces são ditas na maioria dos casos. Podemos ver os lábios se moverem, mas, pela expressão da fisionomia e pelo tom da voz, verifica-se que a prece é apenas um ato automático, puramente exterior, no qual a alma se conserva indiferente.

As preces, nesta coletânea, estão divididas em cinco categorias:

Preces gerais;

Preces por aquele mesmo que ora;

Preces pelos outros;

Preces pelos que já não estão na Terra;

Preces pelos doentes e pelos obsidiados.

Com o propósito de chamar a atenção sobre o foco, e de tornar seu alcance mais compreensível, cada prece será precedida de uma instrução anterior, de uma exposição de motivos, sob o título de "Considerações".

PRECES GERAIS

2. CONSIDERAÇÕES AO PAI NOSSO

Os espíritos recomendaram que, encabeçando esta coletânea, puséssemos o Pai Nosso como uma referência. Entre todas as preces, ela é a que eles colocam em primeiro lugar porque procede do próprio Jesus e porque pode compor a todas pelos pensamentos que estão ligados a ela, que é o mais perfeito modelo de objetividade, sublime obra-prima de simplicidade.

Sob a mais singela forma, o Pai Nosso resume todos os deveres dos seres humanos para com Deus, para consigo mesmo e para com o próximo. Encerra uma profissão de fé, um ato de adoração e de submissão; contém o pedido das coisas necessárias à vida e o princípio da caridade. Quem a ore, em intenção de alguém, pede para este o que pediria para si.

> ► Mas o sentido profundo que suas poucas palavras encerram escapa à maioria das pessoas em virtude da sua brevidade. Por isso, as pessoas a dizem, geralmente, sem que os pensamentos se detenham nas aplicações de cada uma de suas partes.

Dizem-na como uma fórmula cuja eficácia se acha condicionada ao número de vezes com que seja repetida e ainda levam em conta, quase sempre, um dos números misteriosos: três, sete ou nove, tomados à antiga crença supersticiosa na qualidade dos números e de seu uso nas operações da magia.

Por conselho dos bons espíritos, com suas assistências e para preencher o vazio que a brevidade desta prece deixa na mente, acrescentamos um comentário que desenvolve o sentido e mostra as suas aplicações a cada uma de suas proposições.

Conforme as circunstâncias e o tempo de que disponha, aquele que ore poderá dizer o Pai Nosso na sua forma simples ou na desenvolvida nessa coletânea.

3. ORAÇÃO AO PAI NOSSO

Pai nosso, que estás nos céus, santificado seja o teu nome; Venha o teu reino, seja feita a tua vontade, assim na terra como no céu; O pão nosso de cada dia nos dá hoje; E perdoa-nos as nossas dívidas, assim como nós perdoamos aos nossos devedores; E não nos induzas à tentação; mas livra-nos do mal; porque teu é o reino, e o poder, e a glória, para sempre. Amém.[11]

- *Pai nosso, que estás nos céus, santificado seja o teu nome.*

Cremos no Senhor porque tudo revela o Seu poder e a Sua bondade. A harmonia do Universo dá testemunho de uma sabedoria, de uma prudência e de uma previdência que ultrapassam todas as faculdades humanas.

Desde o raminho de erva minúscula e o pequenino inseto até os astros que se movem no espaço, o nome de um Ser soberanamente grande e sábio se acha inscrito de em todas as obras da criação. Por toda parte, vemos a prova de Sua paternal amorosidade; portanto, aquele que não reconhece Suas obras é cego e orgulhoso, aquele que não Lhe glorifica e não rende graças é ingrato.

- *Venha o teu reino.*

Deus de amor e bondade! O Senhor deu aos seres leis plenas de sabedoria e que proporcionam a felicidade se forem cumpridas. Com essas leis, a paz e a justiça podem reinar entre todos que mutuamente se auxiliam, em vez de se maltratarem, como muitos ainda fazem. O forte sustenta o fraco, em vez de esmagá-lo.

Todos os males gerados pelos excessos e abusos seriam evitados. Todas as misérias deste mundo provêm do desrespeito de Suas leis, porque não há uma só falta que não tenha consequências fatais.

---

11 Mateus 6:9 a 13.

O Senhor deu ao animal o instinto que lhe traça o limite do necessário, e ele automaticamente se conforma; no entanto, deu ao ser humano a inteligência, a razão além desse instinto e a liberdade de cumprir ou desrespeitar as Suas leis que pessoalmente lhe importam. Deu-lhe a liberdade de escolher entre o bem e o mal a fim de que tenha a competência e a responsabilidade das suas ações.

Ninguém pode se justificar pela ignorância das Suas leis porque foram gravadas na consciência de cada um por Sua previdência paternal. Foram gravadas sem distinção de cultos nem de nações. Se as violam, é porque as recusam.

Segundo a Sua promessa, virá o dia em que todos praticarão as Suas leis. A incredulidade terá desaparecido. Todos O reconhecerão por soberano de todas as coisas, e o reinado das Suas leis será o Seu reino construído na Terra.

- Deus, fonte de misericórdia, se for melhor apressar-Lhe a chegada dando às pessoas a luz necessária que as conduza ao caminho da verdade. *Seja feita a tua vontade, assim na Terra como no Céu.*

Se a obediência é um dever do filho para com o pai, do subordinado para com o seu superior, quão maior não deve ser a da criatura para com o seu Criador! Pai, fazer a Sua vontade é observar Suas leis e aceitar os Seus princípios sem queixas. O ser humano se submeterá a ela quando compreender que o Senhor é a fonte de toda a sabedoria e que sem ela nada pode. Então, cada um fará a Sua vontade na Terra, como os que se fizeram eleitos já a fazem no plano espiritual.

- O pão nosso de cada dia nos dá hoje.

Dê-nos o alimento indispensável à sustentação das forças do corpo; mas dê também o alimento espiritual para o desenvolvimento do nosso espírito.

O animal encontra a sua pastagem, mas o ser humano deve o sustento à sua própria atividade e aos recursos da sua inteligência, porque foi criado livre.

O Senhor disse: *No suor do teu rosto comerás o teu pão.*[12] Desse modo, fez do trabalho uma necessidade, a fim de que o ser exercitasse a inteligência na procura dos meios para atender às suas necessidades e ao seu bem-estar, uns mediante o trabalho manual, outros pelo intelectual. Sem o trabalho, ele se conservaria estacionário e não poderia aspirar à felicidade dos espíritos elevados.

Ajude a criatura de boa-vontade que confia no Senhor no que se refere ao necessário, mas não aquele que se aprecia na preguiça e deseja obter tudo sem esforço, nem aquele que busca o supérfluo.

Quantos caem por responsabilidade própria, pelas suas faltas, pela falta de cuidado, pela ambição e por não querer se contentar com o que o Pai já havia lhes dado! Esses são os que constroem seu próprio sofrimento e não têm o direito de se queixar, pois são corrigidos naquilo em que erraram. Mas nem mesmo esses ficam abandonados, porque o Senhor é infinitamente misericordioso ao estender Suas mãos para socorrê-los desde que, como o filho pródigo, voltem-se sinceramente para o Senhor.

Antes de nos queixarmos da sorte, perguntemos a nós mesmos se ela não é obra nossa. A cada desgraça que nos chegue, procuremos saber se não dependeria de nós evitá-la. Consideremos também que o Senhor nos concedeu a inteligência para nos tirar do lamaçal e que depende de nós o modo de a utilizarmos.

Pois que à lei do trabalho se acha submetida a criatura na Terra, dê-nos coragem e forças para obedecer a essa lei bem como a

---

12 Gênesis 3:19.

prudência, a previdência e a moderação, a fim de não perdermos o respectivo fruto.

Dá-nos, Pai, o pão de cada dia, isto é, os meios de adquirirmos, pelo trabalho, as coisas necessárias à vida, porque ninguém tem o direito de reclamar o desnecessário.

Se trabalhar for impossível, confiamo-nos à Sua divina providência.

Sabemos que não há dificuldades imerecidas e correções sem causa. Se, independente aos nossos esforços, está nos Seus desígnios nos experimentar pelas mais duras provações, nós as aceitamos como justa expiação das faltas que tenhamos cometido nesta existência ou noutra anterior, porque o Senhor é justo.

Ó meu Deus, livre-nos de invejar os que possuem o que não temos, nem mesmo os que dispõem do supérfluo enquanto nos falta o necessário. Perdoe-lhes se esquecem a lei de caridade e de amor ao próximo que lhes ensinou.

Igualmente, afasta do nosso espírito a ideia de negar a Sua justiça ao notarmos a prosperidade do mau e a desgraça que cai por vezes sobre a pessoa de bem. Agora, graças às novas luzes que nos concedeu, já sabemos que a Sua justiça se cumpre sempre e a ninguém falta; que a prosperidade material do mau é breve na existência material e que experimentará terríveis fracassos, enquanto eterna é a alegria daquele que sofre resignado.

- *E perdoa-nos as nossas dívidas, assim como nós perdoamos aos nossos devedores.*

Cada uma das nossas infrações às Suas leis é uma ofensa que Lhe fazemos e uma dívida que contraímos e que, cedo ou tarde, teremos de quitar. Rogamos que nos perdoe com Sua infinita misericórdia, sob a promessa de empregarmos os maiores esforços para não contrair outras.

A caridade nos foi apresentada sob Sua lei expressa, mas a caridade não consiste apenas em assistirmos os nossos semelhantes em suas necessidades; também consiste no esquecimento e no perdão das ofensas. Assim com que direito reclamaríamos a Sua compaixão se não a déssemos àqueles de quem temos motivo de queixa?

Concede-nos Deus, as forças para apagar de nossa alma todo ressentimento, todo ódio e todo rancor. Que a morte não nos surpreenda guardando no coração desejos de vingança. Se Lhe agrada nos tirar deste mundo hoje mesmo, faça com que possamos nos apresentar diante do Senhor livres de todo ódio, a exemplo do Cristo, cujos últimos pensamentos foram em prol dos seus carrascos.

As perseguições que os maus nos infligem fazem parte das nossas provas terrenas. Devemos recebê-las sem nos queixarmos, como em todas as outras provas, e não falar mal dos que, com suas maldades, abrem-nos o caminho da felicidade eterna.

Já nos disse por intermédio de Jesus: *Bem-aventurados os que sofrem pela justiça!*[13] Que sejamos capazes de bendizer a mão que nos fere e humilha, uma vez que os sofrimentos nos fortalecem a alma e que seremos elevados por efeito da nossa humildade.

Bendito seja Seu nome por ter nos ensinado que nossa sorte não está definitivamente fixada depois da morte; que, para o nosso progresso, encontraremos em outras existências os meios de resgatar e de reparar nossos erros do passado, de cumprir, em uma nova vida, o que não podemos fazer nesta.

Deus de amor! Conseguimos entender que assim se explicam todos os danos aparentes da vida. É a luz que se projeta sobre o nosso

---

13 Mateus 5:10

passado e o nosso futuro, sinal evidente da Sua justiça soberana e infinita bondade.

- *E não nos induzas à tentação; mas livra-nos do mal.*[14]

Senhor, dê-nos a força para resistirmos às sugestões dos espíritos maus que tentam nos desviar do caminho do bem inspirando maus pensamentos.

Somos espíritos imperfeitos, encarnados na Terra para corrigir nossas faltas e nos melhorar. Em nós mesmos está a causa primária do mal, e os maus espíritos nada fazem além de se aproveitarem das nossas más tendências. Eles as usam para nos tentarem.

Sabemos que toda tentativa deles contra os seres perfeitos é impotente e logo abandonada e que a imperfeição é uma porta aberta à influência dos espíritos maus. Sabemos também que, se não os afastarmos com a vontade de permanecer no bem e com absoluta renúncia ao mal de forma decidida e inabalável, será inútil tudo o que possamos fazer. Por isso, é contra nossas próprias tendências ruins que precisamos dirigir os nossos esforços e, se o fizermos, os maus espíritos naturalmente se afastarão, porque é o mal que os atrai, enquanto o bem os repele.

Pai, ampare-nos em nossa fraqueza; inspire-nos a vontade de nos corrigirmos de todas as imperfeições com a presença dos nossos guardiães e dos bons espíritos, a fim de impedirmos aos espíritos maus o acesso à nossa alma.

O mal não é obra Sua, porque a origem de todo o bem não gera nada de mau. Somos nós mesmos que criamos o mal, infringindo

---

14 A palavra induzir poderia dar a entender que a tentação vem de Deus, como se Ele nos empurrasse para o mal, mas esse raciocínio está completamente incorreto. O mal que praticamos tem sua origem em nossas escolhas e predisposições. No caso desse versículo, devemos considerar um erro na tradução da palavra original, registrada em hebraico, e traduzida por outras culturas. (N.E.)

as Suas leis e fazendo mau uso da liberdade que nos dá. Quando as cumprirmos, o mal desaparecerá da Terra, como já desapareceu de mundos mais adiantados que o nosso.

O mal não é uma necessidade fatal para ninguém e só parece irresistível aos que o aceitam. Desde que tenhamos vontade, podemos praticar o bem e, por isso, pedimos a Sua assistência e a dos espíritos bons, a fim de resistirmos à tentação.

- *Amém.*

Senhor, é da Sua vontade que os nossos desejos se efetivem. Mas nos curvamos perante a Sua sabedoria infinita, para que em todas as coisas que escapam à nossa compreensão se faça a Sua santa vontade e não a nossa; pois somente quer o nosso bem e sabe melhor o que nos convém.

Nós Lhe dirigimos esta prece por nós mesmos, por todos os espíritos sofredores encarnados e desencarnados, pelos nossos amigos e inimigos, por todos os que solicitem a nossa assistência e, em particular, por X (citar o nome da pessoa por quem se ora).

Suplicamos a Sua misericórdia e bênção para todos!

Observação: Nesse momento da oração do Pai Nosso, podem ser falados os agradecimentos que se queira dirigir a Deus e o que se deseje pedir a si mesmo ou aos outros.

---

4. REUNIÕES ESPÍRITAS

*Porque, onde estiverem dois ou três reunidos
em meu nome, aí estou eu no meio deles.*[15]

5. CONSIDERAÇÕES ÀS REUNIÕES ESPÍRITAS

O fato de duas ou mais pessoas estarem reunidas em nome de Jesus não quer dizer que basta se achem materialmente juntas. É preciso que estejam juntas espiritualmente também, em comunhão de intenções e de pensamentos direcionados para o bem. Nessas condições, Jesus ou os espíritos puros que o representam se encontrarão junto ao grupo.

O Espiritismo nos faz compreender como os espíritos podem estar entre nós. Comparecem com seu corpo fluídico ou espiritual e sob a aparência que nos levaria a reconhecê-los se ficassem visíveis. Quanto mais elevados são na hierarquia espiritual, tanto maior é neles o poder de irradiação. É assim que possuem o dom da estarem simultaneamente presentes em muitos lugares, bastando para isso que enviem a cada um desses lugares um raio de seus pensamentos.

Ao dizer a frase acima citada, Jesus quis revelar o efeito da união e da fraternidade. Sua presença não é atraída pelo maior ou menor número de pessoas que se reúnam, mas, sim, pelo sentimento de caridade que as unam. Jesus poderia ter dito dez ou vinte, mas, para isso, basta que elas sejam duas.

---

15 Mateus 18:20.

Contudo, se essas duas pessoas oram cada uma por seu lado, embora dirigindo-se ambas a Jesus, não há entre elas uma comunhão de pensamentos, sobretudo se não estão movidas por um sentimento de mútua benevolência.

- ► Se as correntes fluídicas dos pensamentos das pessoas têm desconfiança, ódio, inveja ou ciúme, estarão longe de se unirem por um impulso comum de simpatia; na verdade, elas se repelem. Nesse caso, não estarão reunidas em nome de Jesus, que não passa de pretexto para a reunião, não O tendo como verdadeiro motivo da reunião.

Isso não significa que Jesus não ouça o que diz uma única pessoa. Ele não disse: *Atenderei a todo aquele que Me chamar* porque:

- ► Antes de atender a alguém, é necessário que quem ora tenha o amor ao próximo.

Esse amor tem mais provas quando são muitas pessoas, e não apenas uma, que se dirigem a Ele, principalmente sem um sentimento pessoal personalista. Se, numa assembleia numerosa, somente duas ou três pessoas se unem de coração pelo sentimento de verdadeira caridade, enquanto as outras se isolam e se concentram em pensamentos egoísticos ou mundanos, Jesus estará com as primeiras, e não com as outras.

Não é com a simultaneidade das palavras, dos cânticos ou dos atos exteriores que se forma a reunião em nome de Jesus, mas com a comunhão de pensamentos, em concordância com o espírito de caridade que Ele personifica.

Esse deve ser o caráter das reuniões espíritas sérias, em que sinceramente se deseja o concurso dos bons espíritos.

6. PRECE PARA O COMEÇO DA REUNIÃO

Ao Deus que tudo pode suplicamos que envie, para nos assistir, os espíritos bons; que afaste aqueles que possam nos induzir ao erro e nos conceda a luz necessária para distinguirmos a verdade da falsidade.

Senhor, afaste igualmente os espíritos maldosos, encarnados e desencarnados, que tentem lançar a discórdia entre nós e nos desviar da caridade e do amor ao próximo. Se alguns deles procurarem se introduzir aqui, faça que não achem acesso no coração de nenhum de nós.

Bons espíritos que nos instruem, que sejamos dóceis aos seus conselhos, preservem-nos de toda ideia de egoísmo, orgulho, inveja e ciúme; inspirem-nos a indulgência e a benevolência para com os nossos semelhantes, presentes e ausentes, amigos ou inimigos; façam com que reconheçamos a vossa influência saudável pelos sentimentos que nos animam.

Deem aos médiuns que escolherem para transmitirem os seus ensinamentos a consciência do mandato que lhes é conferido e da gravidade do ato que vão praticar, a fim de que o façam com o fervor e o recolhimento, necessários.

Se, em nossa reunião, estiverem encarnados ou desencarnados que tenham vindo motivados por outros sentimentos que não os do bem, que a luz lhes abra os olhos e, se trouxerem intenções prejudiciais, que sejam perdoados.

Pedimos, especialmente, aos nossos guias espirituais que nos assistam e guardem.

7. PARA OS MÉDIUNS

E nos últimos dias acontecerá, diz Deus, que do meu Espírito derramarei sobre toda a carne; e os vossos filhos e as vossas filhas profetizarão, vossos jovens terão visões e os vossos velhos terão sonhos; e também do meu Espírito derramarei sobre os meus servos e as minhas servas naqueles dias, e profetizarão.[16]

8. CONSIDERAÇÕES AOS MÉDIUNS

Quis Deus que a luz se fizesse para todos os seres e que em toda a parte penetrasse a voz dos espíritos a fim de que cada um pudesse obter a prova da imortalidade. Com esse objetivo é que os espíritos se manifestam hoje em todos os pontos da Terra e a mediunidade se revela em pessoas de todas as idades e de todas as condições, tanto nos homens como nas mulheres, nas crianças como nos velhos. É um dos sinais de que os tempos preditos chegaram.

Para conhecer as coisas do mundo visível e descobrir os segredos da Natureza material, Deus permitiu às criaturas a visão, os sentidos e os instrumentos especiais. Com o telescópio, o homem mergulha o olhar nas profundezas do espaço e, com o microscópio, descobriu o mundo dos infinitamente pequenos. Para penetrar no mundo invisível, deu-lhe a mediunidade.

Os médiuns são os intérpretes responsáveis por transmitir aos encarnados os ensinamentos dos espíritos, ou melhor, são os órgãos materiais de que se servem os espíritos para se expressarem às pessoas por maneira compreensível. A missão que desempenha é nobre porque tem por objetivo penetrar nos horizontes da vida eterna.

---

16 Atos 2:17 e 18.

Os espíritos vêm instruir os seres humanos sobre sua destinação futura, a fim de o reconduzirem ao caminho do bem. Não vêm para o poupar do trabalho material que lhe cumpre executar neste mundo, tendo por meta o seu adiantamento, nem para lhe favorecerem a ambição e a cupidez.

Por isso, os médiuns têm de se responsabilizar para não fazerem mau uso de suas faculdades. Aquele médium que compreende a gravidade do mandato de que se acha investido o desempenha rigorosamente. Se utilizar suas faculdades de forma indigna, por divertimento e distração, para si ou para os outros, sua consciência o reprovará, porque elas são concedidas para fins sérios, para estar em comunicação com os seres de além-túmulo.

Como intérpretes do ensino dos espíritos, os médiuns têm de desempenhar importante papel na transformação moral que se opera. Os serviços que podem prestar guardam proporção com a boa diretriz que imprimam às suas faculdades, pois os que entram por um mau caminho são mais nocivos do que úteis à causa do Espiritismo. Pela má impressão que produzem, atrasam mais de uma transformação pessoal. Por isso mesmo, terão de prestar contas do uso que fizerem de um dom que lhes foi concedido para o bem de seus semelhantes.

O médium que queira contar sempre com a assistência dos bons espíritos precisa trabalhar para se melhorar. Aquele que deseja que a sua faculdade se desenvolva e engrandeça tem de se aperfeiçoar moralmente e de se privar de tudo o que possa contribuir para desviá-lo do seu fim providencial.

Se, às vezes, os espíritos bons se servem de médiuns imperfeitos, é para lhes dar bons conselhos, com os quais procuram fazê-los retomar a estrada do bem. Mas, se encontram corações endurecidos e se suas advertências não são escutadas, eles se afastam, ficando livre o campo aos maus espíritos.

A experiência prova que, nos casos em que os médiuns não aproveitam os conselhos que recebem dos bons espíritos, suas comunicações, depois de revelarem certo brilho por um tempo, caem pouco a pouco e acabam no erro, na conversa improdutiva ou no ridículo; sinal inquestionável do afastamento dos bons espíritos.

Afastar os espíritos levianos e mentirosos para conseguir a assistência dos bons é a meta dos esforços constantes de todos os médiuns sérios. Sem isso, a mediunidade se torna uma faculdade improdutiva, capaz de se reverter em prejuízo daquele que a possua, pois pode conduzir a uma perigosa obsessão.

O médium que compreende o seu dever atribui a Deus as boas coisas que obtém e está longe de se orgulhar de uma faculdade que não lhe pertence, porque pode ser retirada. Se as suas comunicações receberem elogios, não se envaidecerá com isso, porque sabe que elas são independentes do seu mérito pessoal, mas agradece a Ele a possibilidade de bons espíritos terem se manifestado por seu intermédio.

Se o médium recebe crítica, não se ofende porque não trabalha pelos recursos do seu próprio espírito. Ao contrário, reconhece no seu íntimo que não foi um bom instrumento e que não dispõe de todas as qualidades necessárias para se opor à ação dos espíritos maus. Preocupa-se em adquirir essas qualidades e suplica as forças que lhe faltam por meio da prece.

9. PRECE PARA O MÉDIUM

Deus, que tem todo o poder, permita que os bons espíritos me assistam na comunicação que solicito. Livre-me da presunção de me considerar resguardado dos espíritos maus, do orgulho que me induz ao erro sobre o valor das comunicações que eu receba, de todo sentimento oposto à caridade para com outros médiuns.

Se eu cair em erro, inspira a alguém a ideia de me advertir disso, bem como me inspire a humildade para aceitar reconhecido a avaliação e tomá-la como sendo direcionada a mim mesmo, e não aos outros, como se fossem os conselhos que os bons espíritos me queiram ditar.

Se for tentado a cometer abuso, no que quer que seja, ou a me envaidecer da faculdade que o Senhor me concede, peço que ela me seja retirada, principalmente se for desviada do seu objetivo adequado, que é o bem de todos e o meu próprio avanço moral.

10. PRECE PARA O FIM DA REUNIÃO

Agradecemos aos bons espíritos que se comunicaram conosco e lhes rogamos que nos ajudem a pôr em prática as instruções que nos deram e que façam com que, ao sairmos daqui, cada um de nós se sinta fortalecido para a prática do bem e do amor ao próximo.

Também desejamos que os espíritos sofredores, ignorantes ou viciosos que tenham participado da nossa reunião aproveitem as suas instruções e imploramos a Deus Sua misericórdia para com eles.

PRECES POR AQUELE MESMO QUE ORA

11. CONSIDERAÇÕES AOS GUARDIÕES E AOS ESPÍRITOS PROTETORES

Todos nós temos um bom espírito nos acompanhando, que é sempre elevado e que se ligou a nós desde o nosso nascimento, um espírito que nos protege.

Esse espírito desempenha, junto de nós, a missão de um pai para com seu filho: a de nos conduzir pelo caminho do bem e do progresso, por meio das provações da vida. Sente-se feliz quando correspondemos à sua dedicação e sofre quando nos vê fracassar.

> ► O nome desse espírito pouco importa, porque pode ocorrer que não tenha um nome conhecido na Terra. Nós o chamamos de nosso guardião. Podemos até mesmo chamá-lo pelo nome de qualquer espírito superior que nos inspire uma simpatia mais viva e particular.

Além desse guardião, temos espíritos protetores que, embora relativamente menos elevados, não são menos bons e cuidadosos. Eles se encontram entre amigos, parentes ou até entre pessoas que não conhecemos na existência atual. Eles nos assistem com seus conselhos e, frequentemente, intervêm nos acontecimentos da nossa vida.

Há os espíritos simpáticos que se ligam a nós por certa semelhança com nossos gostos e nossas tendências. Podem ser bons ou maus, conforme a natureza das nossas inclinações que os atraem.

> ► Os espíritos sedutores se esforçam por nos afastar dos caminhos do bem, sugerindo-nos maus pensamentos. Aproveitam-se de todas as nossas fraquezas, como de outras tantas portas abertas que possibilitam o acesso à nossa alma.

Há alguns que se garram tão fortemente, como se fôssemos uma presa, mas que se afastam ao se reconhecerem impotentes para lutar contra a nossa vontade.

Deus nos deu o nosso guardião, um guia principal e superior, e nos espíritos protetores e familiares, os guias secundários.

Mas seria um erro acreditarmos que, para contrabalançar as boas influências que os guardiões exercem sobre nós, temos obrigatoriamente um mau gênio ao nosso lado. Os maus espíritos vêm voluntariamente, desde que achem um meio de assumir seu domínio sobre nós pela nossa fraqueza ou pela negligência que temos em seguir as inspirações dos bons espíritos. Portanto, somos nós que os atraímos.

Jamais nos encontramos privados da assistência dos bons espíritos e depende de nós o afastamento dos maus. Por suas imperfeições, o encarnado é a causa primária das misérias que o afligem e, na maioria das vezes, o seu próprio mau gênio.

A prece aos guardiões e aos espíritos protetores deve ter por objetivo solicitar a intercessão deles junto de Deus, pedir-lhes a força de resistir às más sugestões e que nos assistam nas necessidades da vida.

12. PRECE POR AQUELE MESMO QUE ORA – 1

Espíritos esclarecidos e benevolentes, mensageiros de Deus que têm por missão assistir as pessoas e conduzi-las pelo bom caminho, sustentem-me nas provas desta vida, deem-me a força de suportá-las sem queixas; livrem-me dos maus pensamentos e me ajudem a não sintonizar com nenhum espírito mau que queira me induzir à crueldade.

Esclareçam a minha consciência com relação aos meus defeitos e tirem dos meus olhos o véu do orgulho, capaz de impedir que eu perceba vocês e os admita a mim mesmo.

Sobretudo, peço a você, X (falar o nome do espírito), meu guardião, que mais particularmente me ampara, e a todos os espíritos protetores que se interessam por mim: tornem-me digno da sua proteção.

Vocês conhecem as minhas necessidades. Que elas sejam atendidas segundo a vontade de Deus.

13. PRECE POR AQUELE MESMO QUE ORA – 2

Meu Deus, permita que os bons espíritos que me cercam venham em meu auxílio quando me achar em sofrimento e que me sustentem se eu vacilar.

Faça, Senhor, que eles me inspirem a fé, esperança e caridade, que sejam para mim um amparo, uma inspiração e um testemunho da Sua misericórdia.

Enfim, que eu encontre neles a força que me falta nas provas da vida e para resistir às inspirações do mal, assim como a fé que salva e o amor que consola.

14. PRECE POR AQUELE MESMO QUE ORA – 3

Espíritos bem-amados, guardiães que, com a permissão de Deus e pela sua infinita misericórdia, velam sobre os seres humanos, sejam nossos protetores nas provas da vida terrena. Deem-nos a força, a coragem e a resignação, inspirem-nos tudo o que é bom, detenham-nos na queda diante do mal.

Que a bondosa influência de vocês penetre nossa alma para sentirmos que um amigo devotado está ao nosso lado, que ele vê os nossos sofrimentos e compartilha das nossas alegrias.

Meu bom guardião, não me abandone. Necessito de toda a sua proteção para suportar com fé e amor as provas que Deus irá me enviar.

15. PARA AFASTAR OS MAUS ESPÍRITOS

Ai de vós, escribas e fariseus hipócritas, que limpais por fora o copo e o prato e estais, por dentro, cheios de rapinas e impurezas.

Fariseus cegos, limpai primeiramente o interior do copo e do prato, a fim de que também o exterior fique limpo.

Ai de vós, escribas e fariseus hipócritas, que vos assemelhais a sepulcros branqueados, que por fora parecem belos aos olhos dos homens, mas que, por dentro, estão cheios de toda espécie de podridões.

Assim, pelo exterior, pareceis justos aos olhos dos homens, mas, por dentro, estais cheios de hipocrisia e de iniquidades.[17]

16. CONSIDERAÇÕES SOBRE AFASTAR OS MAUS ESPÍRITOS

Os maus espíritos somente procuram os lugares onde encontram possibilidades de dar expansão à sua perversidade. Para afastá-los, não basta pedir nem mesmo ordenar que se retirem; é preciso que a pessoa elimine de si o que os atrai.

Os espíritos maus farejam as feridas da alma, como as moscas farejam as chagas do corpo. Assim como se trata e limpa o corpo para evitar as infecções, também se deve limpar as impurezas da alma para evitar os maus espíritos.

Vivendo num mundo onde são numerosos, nem sempre as boas qualidades do coração nos livram de suas tentativas. Entretanto, essas qualidades nos dão forças para resistir a eles.

---

17 Mateus 23:25 a 28.

17. PRECE PARA AFASTAR OS MAUS ESPÍRITOS

Em nome de Deus todo-poderoso, que os maus espíritos se afastem de mim e que os bons me deem proteção contra eles.

Eu rejeito as sugestões e fecho os ouvidos aos espíritos malfazejos com todas as forças de minha alma. Rejeito os que inspiram maus pensamentos aos encarnados, os espíritos indignos e mentirosos que os enganam, os espíritos zombeteiros que se divertem com a ignorância deles; mas imploro a misericórdia de Deus para eles!

Bons espíritos que se dignam de me assistir, deem-me a força de resistir à influência dos espíritos maus e as luzes de que necessito para não ser vítima de suas tramas.

Preservem-me do orgulho e da presunção; descarreguem o meu coração do ciúme, do ódio, da malevolência, de todo sentimento contrário à caridade, pois eles são outras tantas portas abertas ao espírito do mal.

18. CONSIDERAÇÕES PARA SUPERAR UM DEFEITO

A imperfeição do nosso próprio espírito é resultado dos nossos maus instintos, e não da nossa organização física. Se não fosse assim, a pessoa se acharia isenta de toda espécie de responsabilidade.

A nossa melhoria depende de nós, pois todo aquele que tem a posse de suas faculdades possui a liberdade de fazer ou de não fazer, com relação a todas as coisas.

Para praticar o bem, ela não precisa de mais nada senão do querer.

19. PRECE PARA PEDIR AJUDA A FIM DE CORRIGIR UM DEFEITO

Deus, o Senhor me deu a inteligência necessária para distinguir o que é o bem do que é o mal. Nessa condição, torno-me culpado no momento em que reconheço que uma coisa é má e não me esforço por lhe resistir.

Preserve-me do orgulho que poderia me impedir de perceber os meus defeitos e dos maus espíritos que possam me incentivar a permanecer neles.

Entre as minhas imperfeições, reconheço que sou particularmente propenso a X (fale aqui do defeito que quer deixar de ter) e, se não resisto a esse pendor, é porque tenho o hábito de ceder a ele.

O Pai não me criou culpado, e sim com igual aptidão para o bem e para o mal, porque é justo; se tomei o mau caminho, foi por escolhas que fiz no uso do meu livre-arbítrio. Todavia, pela mesma razão que tive a liberdade de fazer o mal, tenho a liberdade de fazer o bem e, consequentemente, a de mudar de caminho.

Meus atuais defeitos são restos das imperfeições que conservei das minhas existências anteriores; são o meu problema original, do qual posso me libertar pela ação da minha vontade e com a ajuda dos espíritos bons.

Bons espíritos que me protegem e, sobretudo, meu guardião, deem-me forças para resistir às minhas más tendências e para sair vitorioso da luta pela minha transformação moral.

Os defeitos são barreiras que me separam de Deus, e cada defeito superado será um passo dado no caminho do progresso que Dele irá me aproximar.

O Pai, em Sua infinita misericórdia, concedeu-me a existência atual para que servisse ao meu adiantamento. Bons espíritos, ajudem-me a aproveitá-la para que ela não me fique perdida e para que, quando a Deus agradar retirá-la, eu saia dela melhor do que entrei.

20. CONSIDERAÇÕES SOBRE RESISTIR A UMA TENTAÇÃO

Qualquer mau pensamento tem duas origens: a própria imperfeição de nossa alma ou uma influência terrível que se exerça sobre ela.

> ▸ Neste último caso, há sempre indício de uma fraqueza pessoal que nos sujeita a receber essa influência e há, por consequência, o indício de que a alma que recebe a influência é imperfeita.

Dessa forma, aquele que venha a falir não poderá alegar como desculpa a influência de um espírito estranho, visto que esse espírito não o teria arrastado ao mal se o considerasse inacessível à sedução.

Quando surge em nós um mau pensamento, podemos imaginar um espírito maléfico a nos atrair para o mal, e podemos ceder ou resistir, como se fosse uma influência de uma pessoa viva. Devemos imaginar, ao mesmo tempo, que, por seu lado, o nosso guardião, ou espírito protetor, combate em nós essa influência e espera com expectativa a decisão que vamos tomar. A nossa hesitação em praticar o mal é a voz do espírito bom, a se fazer ouvir pela nossa consciência.

Podemos reconhecer que um pensamento é mau quando ele se afasta da caridade, que é a base da verdadeira moral, quando tem por princípio o orgulho, a vaidade ou o egoísmo, quando a sua realização pode causar qualquer prejuízo a outros, quando nos induz a fazer aos outros o que não quereríamos que nos fizessem.

21. PRECE PARA AFASTAR O MAU PENSAMENTO

Deus soberanamente justo e bom, não me deixe sucumbir à tentação que me induz ao erro.

Espíritos amorosos que me protegem, afastem de mim este mal pensamento e me deem a força para resistir à sugestão do mal.

Se eu sucumbir, merecerei corrigir a minha falta nesta vida e na outra, porque tenho a liberdade de escolher.

22. CONSIDERAÇÕES SOBRE O AGRADECIMENTO POR UMA VITÓRIA

Aquele que resiste a uma tentação deve essa conquista à assistência dos bons espíritos, a cuja voz atendeu.

Se faz necessário que ele agradeça a Deus e ao seu guardião.

23. PRECE DE AGRADECIMENTO

Meu Deus, agradeço por permitir que eu tenha saído vitorioso da luta que acabo de sustentar contra o mal. Que essa vitória me dê a força de resistir a novas tentações.

Meu guardião, agradeço sua assistência que tanto me ajudou. Que a minha sintonia com os seus conselhos me faça merecer de novo a sua proteção!

24. CONSIDERAÇÕES SOBRE PEDIR UM CONSELHO

Quando estamos indecisos sobre fazer ou não fazer uma coisa, devemos antes de tudo propor a nós mesmos as seguintes questões:

- Aquilo que eu hesito em fazer pode causar qualquer prejuízo aos outros?
- Pode ser proveitoso a alguém?
- Se agissem assim comigo, eu ficaria satisfeito?

Se o que pensamos fazer interessa somente a nós, precisamos pesar as vantagens e os inconvenientes pessoais que daí possa decorrer.

Se interessar a outrem e resultar em bem para alguém, mas causar um mal para outro, precisamos igualmente pesar a soma de bem ou de mal que se produzirá, para nos decidirmos a agir ou a não agir.

Mesmo em se tratando das melhores coisas, importante ainda considerar a oportunidade e as circunstâncias acessórias, porque uma coisa boa em si mesma pode dar maus resultados em mãos inexperientes se não for conduzida com prudência e sensatez.

Antes de realizá-la, convém consultemos as nossas forças e os meios de execução.

Em todos os casos, sempre podemos solicitar a assistência dos nossos espíritos protetores, lembrando-nos da sábia advertência: "Na dúvida, não faça".

25. PRECE PARA PEDIR CONSELHO

Em nome de Deus todo-poderoso, peço aos bons espíritos que me protejam e inspirem a melhor resolução a ser tomada na incerteza em que me encontro.

Encaminhem meu pensamento para o bem e me livrem da influência dos que tentam me desencaminhar.

26. CONSIDERAÇÕES SOBRE AS AFLIÇÕES DA VIDA

Podemos pedir a Deus favores relativos aos bens materiais, e Ele pode concedê-los quando tenham um fim útil e sério.

Mas, como julgamos a utilidade das coisas sempre do nosso ponto de vista que se limita ao presente, nem sempre vemos o lado ruim do que desejamos. Deus vê muito melhor do que nós e quer só o nosso bem, e pode recusar o que pedimos, como um pai nega ao filho o que lhe seja prejudicial.

Se o que pedimos não nos é dado, não devemos por isso nos entregar ao desânimo; ao contrário, devemos pensar que a privação do que desejamos nos é imposta como prova, ou como expiação, e que a nossa recompensa será proporcionada à resignação com que a houvermos suportado.

27. PRECE PARA OS MOMENTOS DE AFLIÇÕES

Deus onipotente, que vê as nossas necessidades, escute a súplica que neste momento Lhe dirijo.

Se for inconveniente o meu pedido, perdoe-me. Se for justo e conveniente segundo a Sua visão, que os bons espíritos executores das Suas vontades venham em meu auxílio para que meu pedido seja atendido.

Mas, em qualquer momento, meu Deus, que se faça a Sua vontade. Se os meus desejos não forem atendidos, é porque está nos Seus objetivos experimentar-me, e me submeto sem queixar.

Faça que, nessa vivência, nenhum desânimo me assalte, que nem a minha fé, nem a minha resignação sofram qualquer abalo.

(FORMULAR O PEDIDO)

28. CONSIDERAÇÕES SOBRE AGRADECER POR UM FAVOR OBTIDO

Não devem ser considerados como acontecimentos felizes apenas o que seja de grande importância.

> ▸ Muitas vezes, coisas aparentemente insignificantes são as que mais influem em nosso destino. De preferência, a criatura esquece facilmente o bem para se lembrar somente do que a aflige.

Se, no dia a dia, registrássemos os benefícios que recebemos sem ter pedido, com frequência ficaríamos espantados por recebermos tantos, e tantos que foram varridos da memória, e nos sentiríamos humilhados com a nossa ingratidão.

Todas as noites, ao elevarmos a Deus a nossa alma, devemos recordar em nosso íntimo as bênçãos que Ele nos deu durante o dia e agradecer por isso. Sobretudo no momento mesmo em que experimentamos o efeito da Sua bondade e proteção, é que devemos dar testemunho da nossa gratidão espontaneamente. Para isso, basta dirigir um pensamento ao Senhor, atribuindo a Ele o benefício recebido. Para isso, não precisamos nem interromper o nosso trabalho.

Os benefícios de Deus não estão apenas nas coisas materiais. Devemos também agradecer a Ele pelas boas ideias e as inspirações felizes que recebemos. Enquanto o egoísta atribui tudo isso aos seus méritos pessoais e o incrédulo, ao acaso, aquele que tem fé rende graças a Ele e aos bons espíritos.

Para agradecer, são desnecessárias as frases longas. Falar "Obrigado, meu Deus, pelo bom pensamento que me foi inspirado", diz mais do que muitas palavras. O impulso espontâneo, que nos faz atribuir a Ele o que de bom nos acontece, dá testemunho de um ato de reconhecimento e de humildade, que conquista para nós a simpatia dos bons espíritos.

29. PRECE PARA AGRADECER UM PEDIDO ATENDIDO

Deus infinitamente bom, que o Seu nome seja bendito pelas graças que me são concedidas. Eu seria indigno se as atribuísse ao acaso dos acontecimentos ou ao meu próprio mérito.

Bons espíritos, que foram os executores das vontades do Senhor, eu lhes agradeço e especialmente a você, meu guardião.

Afastem de mim a ideia de me orgulhar do que recebi e de não aproveitar isso somente para o bem.

Agradeço-lhes, em particular X (falar sobre o que deseja agradecer).

30. CONSIDERAÇÕES SOBRE AS ATITUDES DE OBEDIÊNCIA E DE RESIGNAÇÃO

Quando temos um motivo de aflição, se procurarmos sua causa, reconheceremos com frequência estar numa situação causada por uma imprudência ou imprevidência nossa; ou, quando não for isso, em uma atitude nossa anterior. Em qualquer um desses casos, só devemos nos queixar de nós mesmos.

Se a causa de uma dificuldade independe completamente de qualquer ação nossa, ou é uma prova para a existência atual, ou expiação de erro de uma existência anterior. Nesse último caso, poderemos conhecer a natureza da falta pela natureza da expiação, uma vez que somos sempre corrigidos por aquilo em que erramos.

> ► Geralmente, naquilo que nos aflige só vemos o presente, e não as consequências posteriores e favoráveis que a nossa aflição possa ter. Muitas vezes, o bem é a consequência de um mal passageiro, como a cura de uma enfermidade é o resultado dos meios dolorosos que se empregaram para combatê-la.

Em todos os casos, devemos nos entregar à vontade de Deus e suportar com coragem as dificuldades da vida, se quisermos que elas sejam consideradas em nosso favor e que estas palavras do Cristo possam ser aplicadas a nós: *Bem-aventurados os que sofrem*[18].

31. PRECE PEDINDO POR RESIGNAÇÃO – 1

Meu Deus, soberanamente justo, sei que todo sofrimento neste mundo tem a sua causa e utilidade. Aceito a aflição que acabo de

---

18 Mateus 5:10

experimentar, ou como expiação de minhas faltas passadas, ou como prova para o futuro.

Bons espíritos que me protegem, que possam me dar forças para suportar todo sofrimento sem me lamentar.

Que essa aflição seja um aviso salutar para mim, que aumente minha experiência, que diminua em mim o orgulho, a ambição, a tola vaidade, o egoísmo e que contribua para o meu adiantamento.

32. PRECE PEDINDO POR RESIGNAÇÃO – 2

Sinto, ó meu Deus, necessidade de pedir: dê-me forças para suportar as provações que me foram destinadas.

Permita que a luz se faça bastante viva em meu espírito para que eu aprecie toda a extensão de um amor que me aflige porque quer me salvar.

Submeto-me resignado, mas sou uma criatura tão fraca, que tenho medo de falhar se não me amparar.

Senhor, não me abandone, porque sem Seu amparo nada posso.

33. PRECE PEDINDO POR RESIGNAÇÃO – 3

Deus, dirijo o meu olhar à Sua natureza e me sinto fortalecido. O Senhor é a minha força, por isso não me abandone. Sinto-me esmagado sob o peso das minhas imperfeições. Ajude-me! Conhece a fraqueza da minha vida material, por isso peço que não desvie de mim o Seu olhar!

Uma ardente sede me devora. Faça brotar a fonte da água viva onde eu mate a minha sede. Que a minha boca só se abra para entoar louvores ao Senhor, e não para soltar queixas nas aflições da minha vida. Sou fraco, mas o Seu amor me sustentará.

Deus, só Sua essência é grande, é o fim e o objetivo da minha vida! Bendito seja o Seu nome! Se eu sofro, é porque sou o servo infiel. Curvarei a cabeça sem me queixar diante da Sua grandeza, pois Sua presença é a minha meta.

34. CONSIDERAÇÕES EM UM PERIGO IMINENTE

Deus nos adverte da nossa fraqueza e da fragilidade da nossa existência por meio dos perigos que corremos. Mostra-nos que a nossa vida está entre Suas mãos e que ela se acha presa por um fio que pode se romper no momento em que menos o esperamos.

Sob esse aspecto, não há privilégio para ninguém, pois todos se encontram sujeitos às mesmas alternativas, tanto o grande quanto o pequeno.

- ▶ Se examinarmos a natureza e as consequências do perigo, veremos que, na maioria das vezes, elas têm sido a reabilitação de uma falta cometida, ou da falta do cumprimento de um dever.

35. PRECE PELA VIDA

Socorram-me, Deus todo-poderoso e meu guardião!

Se tenho de desencarnar, que a vontade Dele se cumpra. Se devo ser salvo, que o restante da minha vida repare o mal que eu tenha feito e do qual me arrependo.

36. CONSIDERAÇÕES SOBRE AGRADECER POR HAVER ESCAPADO DE UM PERIGO

Deus nos mostra, por meio de um perigo que tenhamos corrido, que podemos ser chamados, de um momento para outro, a prestar contas do modo por que utilizamos a vida.

Assim, Deus nos avisa que devemos tomar cuidado e nos melhorar.

37. PRECE EM AGRADECIMENTO POR ESCAPAR DE UM PERIGO

Meu Deus e meu guardião, agradeço a vocês o socorro que me proporcionaram quando estive ameaçado pelo perigo.

Que esse perigo seja para mim um aviso e me esclareça sobre as faltas que tive e que me colocaram sob a sua ameaça. Compreendo que a minha vida está em Suas mãos e que o Senhor pode tirá-la quando necessário.

Inspire-me, por intermédio dos bons espíritos que me assistem, o propósito de empregar utilmente o tempo que ainda me conceder de vida neste mundo.

Meu guardião, fortaleça-me na resolução que tomo de reparar os meus erros e de fazer todo o bem que esteja ao meu alcance, a fim de chegar menos carregado de imperfeições ao mundo dos espíritos, quando Deus determinar o meu regresso para lá.

38. CONSIDERAÇÕES NA HORA DE DORMIR

O sono tem por fim dar repouso ao corpo, mas o espírito não precisa repousar.

> ▸ Enquanto os sentidos físicos se acham entorpecidos, a alma se desprende parcialmente da matéria e entra na posse das faculdades do espírito.

O sono foi dado ao ser humano para reparação das forças orgânicas e também para a das forças morais. Enquanto o corpo recupera os elementos que perdeu nas atividades da vigília, o espírito vai se recuperar entre os outros espíritos no plano astral.

No que vê e ouve, nos conselhos que os espíritos lhe dão, o ser absorve ideias que, ao despertar, surgem-lhe como intuição.

> ▸ No desdobramento pelo sono, é como se um exilado voltasse temporariamente à sua verdadeira pátria. Por momentos, o prisioneiro é restituído à liberdade.

Mas nem sempre o espírito aproveita dessa hora de liberdade para seu adiantamento, como acontece com o presidiário perverso.

> ▸ Se ele conserva instintos maus, em vez de procurar a companhia de espíritos bons, busca a de seus iguais e vai visitar os lugares onde possa dar livre curso às suas tendências.

Aquele que tem consciência desta verdade eleve o seu pensamento a Deus quando sinta o sono se aproximar, e peça o conselho dos bons espíritos e de todos cuja memória lhe seja cara, a fim de que venham se reunir a ele, nos curtos instantes de liberdade que lhe são concedidos; e, ao despertar, sentir-se-á mais forte contra o mal, mais corajoso diante da adversidade.

39. PRECE ANTES DO SONO

Minha alma vai estar por alguns instantes com os outros espíritos.

Que os bons venham me ajudar com seus conselhos. Meu guardião, faça com que, ao despertar, eu conserve a impressão durável e salutar desse convívio.

40. CONSIDERAÇÕES NA PREVISÃO DE MORTE PRÓXIMA

A fé no futuro e a orientação do pensamento, durante a vida, para os destinos futuros favorecem e aceleram o desligamento do espírito da matéria, por enfraquecerem os laços que o prendem ao corpo.

Há casos em que a vida física ainda não se extinguiu de todo, e a alma, impaciente, já alçou o voo para a imensidade.

Ao contrário, na pessoa que concentra todos os seus cuidados nas coisas materiais, aqueles laços são mais fortes, a separação *é difícil* e dolorosa e o despertar no além-túmulo é cheio de perturbação e ansiedade.

41. PRECE PARA O MOMENTO DO DESENCARNE

Deus, creio em na Sua bondade infinita e, por isso mesmo, não posso considerar que tenha dado ao ser humano a inteligência que lhe dá a oportunidade de conhecer o Senhor e a aspiração pelo futuro para mergulhar no nada.

Creio que o meu corpo é apenas o envoltório perecível de minha alma e que, quando deixar de viver, acordarei no mundo dos espíritos.

Pai todo-poderoso, sinto que se rompem os laços que me prendem a alma ao corpo físico e que, dentro em pouco, irei prestar contas do uso que fiz da vida que termina.

Vou experimentar as consequências do bem e do mal que pratiquei. No plano espiritual, não há ilusões nem desculpas possíveis.

Diante de mim vai se desenrolar todo o meu passado e serei avaliado segundo as minhas obras.

Nada levarei dos bens da vida na matéria: honras, riquezas, satisfações da vaidade e do orgulho. Tudo que é próprio da vida material permanecerá no plano físico. Nem a mais mínima parcela de todas essas coisas me acompanhará nem me será de alguma utilidade no mundo dos espíritos.

Levarei comigo apenas o que pertence à alma, as boas e as más qualidades, para serem pesadas na balança da mais rigorosa justiça. E haverá maior severidade na minha avaliação se maior foi o número de ocasiões para fazer o bem, que não fiz, a posição que ocupei na vida material tenha me proporcionado.

Deus de misericórdia, que o meu arrependimento chegue aos Seus pés! Digne-se de lançar sobre mim o manto do Seu perdão.

Se ao Senhor agradar o prolongar da minha existência, que esse prolongamento seja empregado em reparar o mal que eu tenha praticado, tanto quanto em mim ele esteja.

Se a minha hora soou sem prorrogação possível, levo comigo o pensamento consolador de que será permitido me redimir por meio de novas provas, a fim de merecer um dia a felicidade dos que se fizeram eleitos.

Se não me for permitido usufruir imediatamente dessa felicidade sem mancha, partilhada somente pelo espírito justo por excelência, sei que não me será negada para sempre essa esperança e que, pelo trabalho, alcançarei esse fim, mais tarde ou mais cedo, conforme os meus esforços.

Sei que, para me receberem, estão próximos de mim espíritos bons e o meu guardião, aos quais dentro em pouco verei, como eles me veem. Sei que, se tiver merecido, encontrarei de novo aqueles a quem amei na vida física e que me antecederam no desencarne, bem como os que aqui deixo irão se juntar a mim no futuro. Um dia, estaremos todos reunidos para sempre e, enquanto esse dia não chegar, poderei vir visitá-los.

Sei também que vou encontrar aqueles a quem ofendi. Que eles possam me perdoar o que tenham a me censurar: o meu orgulho, a minha dureza, minhas injustiças, a fim de que a presença deles não me cubra de vergonha!

Perdoo aos que me tenham feito ou querido fazer mal, pois não alimento nenhum rancor contra eles e peço a Deus que os perdoe.

Pai, dê-me forças para deixar sem pena os prazeres grosseiros deste mundo, que nada são em comparação com as alegrias sadias e puras do mundo em que vou penetrar; onde, para o justo, não há mais tormentos, sofrimentos e misérias; onde somente o culpado sofre, mas tendo a confortá-lo a esperança.

Aos bons espíritos, e a você, meu guardião, suplico que não me deixem falhar neste momento supremo. Façam com que a luz divina brilhe aos meus olhos a fim de que a minha fé se reanime, se vier a abalar-se.

PRECES PELOS OUTROS

42. CONSIDERAÇÕES SOBRE ALGUÉM QUE ESTEJA EM AFLIÇÃO

Se é do interesse do outro que a sua prova e aflição prossigam, elas não serão abreviadas a nosso pedido. Mas seria um ato de impiedade desanimar porque a nossa súplica não foi satisfeita.

Aliás, na falta de suspensão da prova, podemos esperar outra consolação que alivie o amargor.

> ► O que é mais necessário para aquele que se acha aflito são a resignação e a coragem, sem as quais não será possível sofrer com proveito para si mesmo, porque, se não as tiver, terá de recomeçar a prova.

É para esse objetivo, sobretudo, que se faz necessário direcionar os nossos esforços, seja pedindo que lhe venham em auxílio os bons espíritos, seja levantando-lhe o moral por meio de conselhos e encorajamentos, seja assistindo-o materialmente, se for possível.

Neste caso, a prece pode também ter efeito direto, dirigindo uma corrente fluídica para a pessoa por quem é feita com a intenção de fortalecer-lhe o moral.

43. PRECE EM BENEFÍCIO DO PRÓXIMO

Deus de infinito amor, suavize o amargor da posição em que se encontra X (falar o nome da pessoa), se assim for a Sua vontade.

Em nome do Senhor todo-poderoso, suplico aos bons espíritos que o(a) assistam nas suas aflições. Se elas lhe não puderem ser poupadas porque são de interesse dele(a), façam que compreenda que são necessárias ao seu progresso.

Deem a ele(a) confiança em Deus e no futuro, pois isso tornará menos acerbas as suas dores. Deem também forças para não fracassar sob o peso do desespero, porque essa atitude o(a) faria perder o fruto de seus sofrimentos e tornaria a situação ainda mais penosa no futuro. Encaminhem para ele(a) o meu pensamento, a fim de que o(a) ajude a se manter corajoso.

44. CONSIDERAÇÕES SOBRE AGRADECER POR UM BENEFÍCIO CONCEDIDO A OUTRO

Quem não está dominado pelo egoísmo se alegra com o bem que acontece ao seu próximo, mesmo que ele não tenha solicitado esse bem por meio da prece.

45. PRECE PELO BEM DO OUTRO

Deus, seja bendito pela felicidade que veio até X (falar o nome da pessoa). Bons espíritos, façam que ele veja nisso um efeito da bondade do Pai.

Se o bem que lhe aconteceu é uma prova, inspirem nele a lembrança de fazer bom uso dela e de não se envaidecer, a fim de que esse bem não resulte em seu prejuízo no futuro.

Ao meu bom guardião, que me protege e deseja a minha felicidade, peço que afaste do meu coração todo sentimento de inveja ou de ciúme.

46. CONSIDERAÇÕES SOBRE NOSSOS INIMIGOS E ÀQUELES QUE NOS QUEREM MAL

Jesus disse: *Amai os vossos inimigos*[19]. Este princípio é o mais sublime da caridade cristã, mas, ao dizê-lo, Jesus não determinou que devamos ter com os nossos inimigos o carinho que temos com os amigos.

Por essas palavras, Jesus nos recomenda que esqueçamos as ofensas, que perdoemos o mal que nos façam e que retribuamos esse mal com o bem. Além do merecimento que resulta de semelhante atitude diante dos olhos de Deus, equivale a mostrar aos homens em que consiste a verdadeira superioridade.

47. PRECE PARA PERDOAR OS QUE NOS OFENDERAM

Meu Pai, perdoo a X (falar o nome da pessoa) o mal que me fez e desejou fazer, como quero que me perdoe as faltas que eu tenha cometido, e que quem eu ofendi também me perdoe. Se ele(a) foi colocado no meu caminho, como prova para mim, faça-se a Sua vontade.

Meu Deus, livre-me da ideia de falar mal dessa pessoa e de todo desejo ruim contra ele(a). Faça que jamais me alegre com as desgraças que lhe cheguem, nem me desgoste com os bens que lhe poderão ser concedidos, a fim de não manchar minha alma por pensamentos indignos de um cristão.

19 Mateus 5:44.

Senhor, que a Sua bondade possa se estender sobre ele(a), induzindo-o(a) a alimentar melhores sentimentos para comigo!

Bons espíritos, inspirem-me o esquecimento do mal e a lembrança do bem. Que no meu coração não entrem nem o ódio nem o desejo de retribuir o mal com outro mal, pois o ódio e a vingança só são próprios dos espíritos maus, encarnados e desencarnados!

Ao contrário, que eu esteja pronto a lhe estender mão fraterna, a lhe pagar o mal com o bem e a auxiliá-lo(a) se estiver ao meu alcance.

Para experimentar a sinceridade do que digo, desejo que se me apresente uma ocasião de lhe ser útil; mas, sobretudo, ó meu Deus, livre-me de fazer isso por orgulho ou ostentação, oprimindo-o(a) com uma generosidade humilhante, o que me causaria a perda dos benefícios da minha ação, pois, nesse caso, estas palavras do Cristo seriam aplicadas a mim: *Em verdade vos digo que já receberam o seu galardão*[20].

---

20 Mateus 6:2.

48. CONSIDERAÇÕES SOBRE O BEM CONCEDIDO AOS NOSSOS INIMIGOS

Não desejar mal aos seus inimigos é ser apenas meio caridoso. A verdadeira caridade quer que desejemos o bem e que nos sintamos felizes com esse bem que nossos inimigos têm alcançado.

49. PRECE PELO INIMIGO

Deus, em Sua justiça, o Senhor quis encher de alegria o coração de X (falar o nome da pessoa). Agradeço por ele(a), apesar do mal que me fez ou que tem procurado me fazer.

Se ele(a) aproveitasse desse bem para me humilhar, eu receberia isso como uma prova para a minha caridade.

Peço aos bons espíritos que me protegem para não permitirem que me sinta pesaroso por isso. Livrem-me da inveja e do ciúme que rebaixam.

Ao contrário, inspirem-me a generosidade que eleva. A humilhação está no mal, e não no bem, e sabemos que, cedo ou tarde, a justiça será feita a cada um segundo suas obras.

50. INIMIGOS DO ESPIRITISMO

Bem-aventurados os que têm fome e sede de justiça, porque eles serão fartos; Bem-aventurados os que sofrem perseguição por causa da justiça, porque deles é o reino dos céus; Bem-aventurados sois vós, quando vos injuriarem e perseguirem e, mentindo, disserem todo o mal contra vós por minha causa. Exultai e alegrai-vos, porque é grande o vosso galardão nos céus; porque assim perseguiram os profetas que foram antes de vós.[21]

E não temais os que matam o corpo, e não podem matar a alma; temei, antes, aquele que pode perder no inferno a alma e o corpo.[22]

51. CONSIDERAÇÕES SOBRE OS INIMIGOS DO ESPIRITISMO

De todas as liberdades, a mais inviolável é a de pensar, que abrange também a liberdade de consciência.

Quem tem aversão aos que não pensam como si mesmo deseja usufruir dessa liberdade e negá-la aos outros, deseja violar o primeiro mandamento de Jesus: a caridade e o amor ao próximo.

Perseguir os outros por causa de suas crenças é agir contra o mais sagrado direito que tem toda pessoa: o de crer no que lhe convém e de adorar a Deus como o entenda.

---

21 Mateus 5:6 e 10 a 12.

22 Mateus 10:28.

Submetê-los aos atos exteriores de adoração semelhantes aos nossos é mostrar que damos mais valor à forma do que ao conteúdo, mais valor às aparências do que à crença.

> A renúncia forçada às suas crenças nunca deu a ninguém uma fé, apenas pode fazer hipócritas. Isso é um abuso da força, que não prova a verdade. A verdade é senhora de si: convence e não persegue, porque não precisa perseguir.

O Espiritismo é uma opinião, uma crença. Se fosse exclusivamente uma religião, por que seus praticantes não teriam a liberdade de se dizer espírita, como se tem a de se dizer católico, protestante ou judeu, adepto de tal ou qual doutrina filosófica, de tal ou qual sistema econômico?

Essa crença ou é falsa ou é verdadeira. Se for falsa, cairá por si mesma, uma vez que o erro não pode prevalecer contra a verdade, quando se faz luz nas inteligências. Se for verdadeira, não haverá perseguição que a torne falsa.

> A perseguição é o batismo de toda ideia nova, grande e justa e cresce com a magnitude e a importância da ideia.

A hostilidade e a cólera dos inimigos da ideia são proporcionais ao temor que ela lhes inspira. Foi por essa razão que o Cristianismo foi perseguido antigamente e por que o Espiritismo o é hoje; com a diferença de que o Cristianismo foi perseguido pelos pagãos, enquanto o Espiritismo é hostilizado por cristãos.

O tempo das perseguições sangrentas passou, mas, se já não matam o corpo, torturam a alma, atacam-na até nos seus mais íntimos sentimentos, nas suas mais caras afeições. Lança-se a desunião nas famílias, excita-se a mãe contra a filha, a mulher contra o marido; até mesmo agem contra o corpo, agravando suas necessidades materiais, tirando o seu trabalho para submeter o crente à fome.

Espíritas, não se aflijam com os golpes que lhes são dados, pois eles provam que estão com a verdade. Se assim não fosse, seriam deixados tranquilos e não procurariam ferir vocês.

A perseguição constitui uma prova para a fé de vocês, porque é pela coragem, pela resignação e pela paciência que Deus os reconhecerá entre os Seus servidores fiéis, hoje Ele faz essa contagem para dar a cada um a parte que lhe pertence, segundo suas obras.

A exemplo dos primeiros cristãos, carreguem com satisfação as suas cruzes. Creiam na palavra do Cristo, que disse: *Bem-aventurados os que sofrem perseguição por causa da justiça, porque deles é o reino dos céus; E não temais os que matam o corpo, e não podem matar a alma; temei antes aquele que pode perder no inferno a alma e o corpo.* Ele também disse: *Amem os seus inimigos, façam o bem aos que lhes fazem mal e orem pelos que os perseguem.* Mostrem que são Seus verdadeiros discípulos e que a Sua doutrina é boa, fazendo o que Ele disse e fez.

A perseguição pouco durará. Aguardem com paciência o romper da aurora, pois o Sol já aparece.

52. PRECE PELOS INIMIGOS DO ESPIRITISMO

O Senhor nos disse pela boca de Jesus, o Seu Messias: *Bem-aventurados os que sofrem perseguição por amor da justiça; perdoai aos vossos inimigos; orai pelos que vos persigam.* E o próprio Jesus nos deu o exemplo, orando pelos seus algozes.

Seguindo esse exemplo, meu Deus, imploramos a Sua misericórdia para os que desprezam os Seus sacratíssimos preceitos, únicos capazes de facultar a paz neste mundo e no outro. Como o Cristo, também nós Lhe dizemos: *Perdoa-lhes, Pai, que eles não sabem o que fazem*[23].

Dê-nos forças para suportar, com paciência e resignação, seus escárnios, injúrias, calúnias e perseguições como provas para a nossa fé e a nossa humildade; isente-nos de toda ideia de represálias, visto que para todos soará a hora da Sua justiça, hora que esperamos submissos à Sua santa vontade.

---

23 Lucas 23.34

53. CONSIDERAÇÕES SOBRE UMA CRIANÇA QUE ACABA DE NASCER

Os espíritos só chegam à perfeição após terem passado pelas provas da vida física. Os que se encontram no plano espiritual aguardam que Deus lhes permita voltar a uma existência que lhes proporcione meios de progredir, quer pela correção de suas faltas passadas por meio das dificuldades a que ficarão sujeitos, quer desempenhando uma missão proveitosa para a Humanidade. O seu adiantamento e a sua felicidade futura serão proporcionais à maneira que empreguem o tempo que terão no plano físico.

A responsabilidade de lhes guiar os primeiros passos e de encaminhá-los para o bem cabe a seus pais, que responderão perante Deus pelo desempenho que derem a essa missão.

Para lhes facilitar a tal tarefa, foi que Deus fez do amor paterno e do amor filial uma lei da Natureza, lei que jamais é violada impunemente.

54. PRECE PARA UMA CRIANÇA QUE ACABA TE NASCER – 1

Para ser dita pelos pais: Espírito que encarnou por meio do corpo do(a) nosso(a) filho(a), seja bem-vindo(a). Deus Onipotente, seja bendito porque o(a) enviou a nós.

É um depósito que nos foi confiado e do qual teremos um dia de prestar contas. Se ele(a) pertence à nova geração de espíritos bons que hão de povoar a Terra, obrigado(a) por essa graça! Se for uma alma imperfeita, é nosso o dever de ajudá-la a progredir no caminho do bem por meio de nossos conselhos e bons exemplos. Se cair no mal por nossa responsabilidade, responderemos por isso, porque teremos falhado em nossa missão junto dele.

Senhor, ampare-nos em nossa tarefa e nos dê a força e a vontade de cumpri-la. Se este filho nos vem como provação para os nossos espíritos, faça-se a Sua vontade!

Bons espíritos que presidiram ao seu nascimento e que têm de acompanhá-lo(a) no curso de sua existência, não o(a) abandonem. Afastem dele(a) os maus espíritos que tentem orientá-lo(a) para o mal. Deem a ele(a) as forças para lhes resistir às sugestões e coragem para sofrer com paciência e resignação as provas que o(a) esperam nesta vida.

55. PRECE PARA UMA CRIANÇA QUE ACABA DE NASCER – 2

Meu Deus, confiou-me o destino de um dos Seus espíritos; Senhor, que eu seja digno da responsabilidade que me conferiu. Conceda-me a Sua proteção.

Ilumine a minha inteligência, a fim de que eu possa perceber, desde cedo, as tendências daquele que me compete preparar para alcançar a Sua paz.

56. PRECE PARA UMA CRIANÇA QUE ACABA DE NASCER – 3

O Pai, em Sua infinita bondade, permitiu que o espírito desta criança viesse novamente a experimentar as provas terrenas destinadas a fazê-lo progredir. Dê-lhe luz a fim de que aprenda a conhecer, a amar e adorar Sua presença.

Pelo Seu poder, que essa alma se regenere na fonte das Suas sábias instruções; que, sob a amparo do seu guardião, a sua inteligência se desenvolva, amplie e a leve a ter por aspiração o desejo de se aproximar cada vez mais do Senhor.

Enfim, que a ciência do Espiritismo seja a luz brilhante que o(a) ilumine através das dificuldades da vida; que ele(a) saiba apreciar toda a extensão do Seu amor, que só nos põe em prova para nos purificar.

Pai nosso, lance um olhar amoroso sobre a família a qual confiou esta alma, para que ela compreenda a importância da sua missão.

Faça que germinem nesta criança as boas sementes, até o dia em que ela possa, por suas próprias aspirações, elevar-se sozinha para o Senhor.

Ó, meu Deus, digne-se de atender a esta humilde prece, em nome Daquele que tem todo merecimento e disse: *Deixai os meninos, e não os estorveis de vir a mim; porque dos tais é o reino dos céus*[24].

---

24 Mateus 19:14.

57. CONSIDERAÇÕES SOBRE ALGUÉM QUE ESTÁ À BEIRA DA MORTE

A agonia antecede a separação da alma e do corpo. Podemos dizer que, nesse momento, a pessoa tem um pé neste mundo e um no outro.

Essa passagem, às vezes, é penosa para os que se acham muito apegados à matéria e viveram mais para os bens deste mundo do que para os do outro ou cuja consciência se encontra agitada pelos pesares e remorsos.

Para aqueles, ao contrário, cujos pensamentos buscaram o Infinito e se desprenderam da matéria, menos difíceis de se romperem são os laços que o(a) prendem à Terra; e nada têm de dolorosos os seus últimos momentos, pois apenas um fio liga sua alma ao corpo, enquanto, no outro caso, profundas raízes a conservam presa a este.

Em todos os casos, a prece exerce ação poderosa sobre o trabalho de separação.

58. PRECE POR ALGUÉM QUE ESTÁ PARA MORRER

Deus onipotente e misericordioso, aqui está uma alma prestes a deixar o seu corpo físico para voltar ao mundo dos espíritos, sua verdadeira pátria. Que seja permitido a ela fazer a passagem em paz e que a Sua misericórdia se estenda sobre ela.

Bons espíritos que a acompanharam no plano físico, não a abandonem neste momento supremo. Deem a ela forças para suportar os últimos sofrimentos pelos quais tem de passar neste mundo, pelo bem do seu progresso futuro.

Inspirem-na para que os últimos clarões de inteligência que lhe restem, ou que momentaneamente tenha, conduzam-na ao arrependimento de suas faltas.

Dirijam o meu pensamento a fim de que Deus atue de modo a tomar menos penoso para ela o trabalho da separação e a fim de que leve consigo, ao abandonar a matéria, as consolações da esperança.

PRECES PELOS QUE JÁ NÃO ESTÃO NA TERRA

59. CONSIDERAÇÕES SOBRE ALGUÉM QUE ACABA DE MORRER

As preces pelos espíritos que acabam de deixar o plano físico não têm por objetivo único dar aos seus espíritos um testemunho de simpatia: também têm por efeito auxiliá-los no desprendimento e, desse modo, abreviar-lhes a perturbação que sempre se segue à separação e tornar o despertar deles no plano astral mais calmo.

Aí, como em qualquer outra circunstância, a eficácia está na sinceridade do pensamento, e não na quantidade das palavras que se diga mais ou menos pomposamente e que frequentemente o coração não tem nenhuma participação.

As preces que se elevam do coração ecoam em torno do espírito cujas ideias ainda estão confusas, como as vozes amigas que o fazem despertar do sono.

Observação: Algumas palavras especiais podem ser acrescentadas a esta prece, que se aplica a todos conforme as circunstâncias particulares de família ou de relações, bem como a posição social que ocupava o desencarnado.

Se for uma criança, o Espiritismo nos ensina que não está ali um espírito de criação recente, mas um que já viveu muito e que pode até mesmo já ser muito adiantado. Se a sua existência foi curta, é porque ela deve ter sido um complemento de alguma prova ou ser uma prova para os pais.

60. PRECE POR UM ESPÍRITO QUE ACABOU DE DESENCARNAR – 1

Deus todo-poderoso, que a Sua misericórdia se derrame sobre a alma de X (dizer o nome da pessoa), a quem o Senhor acabou de chamar da matéria.

Que as provas que ele(a) aqui sofreu possam ser contadas em seu favor, bem como ter suavizadas e encurtadas as penas que ainda tenha de passar na Espiritualidade!

Bons espíritos que vieram recebê-lo(a) e, particularmente, seu guardião, ajudem-no(a) a se libertar dos elos da matéria. Deem a essa alma a luz e a consciência de si mesma, a fim de que saia rapidamente da perturbação própria da passagem da vida corpórea para a vida espiritual.

Inspirem o arrependimento das faltas que tenha cometido e o desejo de obter permissão para repará-las, a fim de acelerar o seu avanço rumo à vida eterna bem-aventurada.

X (dizer o nome da pessoa), você acaba de entrar no mundo dos espíritos e, no entanto, pode estar presente ainda entre nós. Vê e ouve-nos porque, entre você e nós, não há nada diferente do que antes havia; só o corpo perecível que acabou de abandonar e que, em breve, estará reduzido a pó.

Você perdeu o envoltório grosseiro do corpo físico sujeito às dificuldades e à morte, mas conserva o seu corpo astral, imperecível e inacessível aos sofrimentos. Já não vive pelo corpo, mas vive da vida dos espíritos, e esta vida é isenta das misérias que afligem a Humanidade.

Já não tem mais o véu que ocultava os esplendores da vida no Além. De agora em diante, você pode contemplar novas maravilhas, enquanto nós ainda continuamos mergulhados em provas e penas.

Em plena liberdade, vá percorrer o espaço e visitar os mundos, enquanto nos arrastaremos penosamente na face da Terra, à qual o nosso corpo material se mantém preso, como se ligado a pesado fardo.

Diante de seus olhos, vai se desenrolar o panorama do Infinito e, em face de tanta grandeza, compreenderá a falta de base dos nossos desejos terrestres, das nossas ambições mundanas e dos gozos fúteis com que as pessoas tanto se envolvem.

A morte não é mais do que uma separação material de alguns instantes se levarmos em conta a eternidade. Do exílio onde ainda nos encontramos pela vontade de Deus, bem como presos aos deveres que nos correm neste mundo, acompanhá-lo-emos pelo pensamento; até que seja permitido nos juntar a você, como se reuniu aos que o(a) precederam.

Não podemos ir aonde se encontra, mas você pode vir até nós, aos que o(a) amam e que você amou. Se puder, ampare-os nas provas da vida, cuide dos que lhe são caros, proteja-os como puderes; suavize os pesares fazendo-os perceber, pelo pensamento, que você é mais feliz agora, que pode dar a consoladora certeza de que um dia estarão todos reunidos num mundo melhor.

No plano espiritual, onde se encontra, todos os ressentimentos devem se extinguir. Daqui em diante, você estará inacessível a eles pelo bem da sua felicidade futura! Portanto, perdoe aos que cometeram faltas contra você, assim como eles lhe perdoam as faltas que cometeu para com eles.

61. PRECE POR UM ESPÍRITO QUE ACABOU DE DESENCARNAR - 2[25]

Senhor onipotente, que a Sua misericórdia se estenda sobre o nosso irmão que acaba de deixar o plano físico! Que a Sua luz brilhe sobre

---

25 Esta prece foi ditada a um médium de Bordéus, na ocasião em que passava pela sua casa o enterro de um desconhecido.

ele! Tire-o das trevas, abra os seus olhos e ouvidos! Que os bons espíritos o cerquem e lhe façam ouvir palavras de paz e de esperança!

Pai, ainda que sejamos muito indignos, ousamos implorar a Sua misericordiosa compaixão para este irmão nosso que acaba de ser chamado do exílio na face da Terra.

Faça que o seu regresso seja como o do filho pródigo. Pai, esqueça as faltas que ele tenha cometido, para lembrar somente o bem que tenha praticado.

Imutável é a Sua justiça, nós o sabemos, mas imenso é o Seu amor. Suplicamos que abrande a Sua justiça por essa fonte de bondade que nasce do Seu colo.

Irmão que acaba de deixar a matéria, que a luz brilhe para os seus olhos! Que os bons espíritos se aproximem de você, cerquem-no e que o ajudem a romper as cadeias terrenas! Compreenda e veja a grandeza do nosso Senhor: submeta-se, sem queixumes, à Sua justiça, porém não desacredite nunca da Sua misericórdia. Irmão! Que uma séria análise do seu passado lhe abra as portas do futuro, fazendo-o perceber as faltas que deixa para trás e o trabalho que tem que fazer para repará-las! Que Deus lhe perdoe e que os bons espíritos o amparem e animem. Por você orarão os seus irmãos do plano físico e pedem que ore por eles.

62. CONSIDERAÇÕES SOBRE AS PESSOAS A QUEM TIVEMOS AFEIÇÃO

Que horrível é a ideia do Nada! Quanto se deve lamentar os que acreditam que no vácuo se perde a voz de um amigo que chora por outro amigo sem encontrar eco que lhe responda!

Jamais conheceram as puras e santas afeições os que pensam que tudo morre com o corpo; que o espírito, que iluminou o mundo com a sua vasta inteligência, é uma combinação de matéria, que, como um sopro, extingue-se para sempre! Que do mais querido ser, de um pai, de uma mãe ou de um filho adorado não restará senão um pouco de pó que o vento irremediavelmente dispersará.

Como pode uma pessoa de coração conservar-se fria diante dessa ideia? Como a ideia de um aniquilamento absoluto não a gela de terror e não a faz, ao menos, desejar que não seja assim?

Se até hoje não lhe foi suficiente a razão para afastar de seu espírito quaisquer dúvidas, aí está o Espiritismo a eliminar toda incerteza com relação ao futuro, por meio das provas materiais que dá da sobrevivência da alma e da existência dos seres no além-túmulo.

Tanto é assim que, por toda parte, essas provas são acolhidas com alegria, a confiança renasce, pois que o ser humano, de agora em diante, sabe que a vida terrestre é apenas uma breve passagem que conduz a uma vida melhor; que seus trabalhos neste mundo não lhe ficam perdidos e que as mais lindas afeições não se despedaçam sem mais esperanças.

63. PRECE PELAS PESSOAS QUE AMAMOS

Deus de amor e bondade, acolha caridosamente a prece que dirijo pelo espírito X (falar o nome da pessoa). Faça que ele veja as claridades divinas e que seu caminho seja da felicidade eterna. Permita que os bons espíritos levem até ele as minhas palavras e o meu pensamento.

X (falar o nome da pessoa), que neste mundo me era tão querido, escute a minha voz, que o chama para oferecer novo testemunho da minha afeição. Deus permitiu que se libertasse da matéria antes de mim, e eu não posso me queixar disso sem egoísmo, porque isso seria querer você ainda sujeito às penas e sofrimentos da vida. Então, espero, resignado(a), o momento de nos reunirmos de novo no mundo mais venturoso no qual você me precede.

Sei que a nossa separação é apenas temporária e que, por mais longa que ela possa me parecer, a sua duração nada é diante da eternidade que Deus promete aos Seus escolhidos.

Que a Sua bondade me preserve livre de fazer qualquer coisa que retarde esse desejado instante de encontro com você e assim me poupe da dor de não encontrá-lo ao sair do meu cativeiro terreno.

Oh! Quão doce e consoladora é a certeza de que não há entre nós mais do que um véu material que o oculta às minhas vistas! De que você pode estar aqui, ao meu lado, a me ver e ouvir como antes, senão ainda melhor do que antigamente; de que não me esquece do mesmo modo que não o esqueço; de que os nossos pensamentos constantemente se unem e que o seu sempre me acompanha e ampara.

Que a paz do Senhor esteja contigo!

64. CONSIDERAÇÕES SOBRE AS ALMAS SOFREDORAS QUE PEDEM PRECES

Para compreender o alívio que a prece pode proporcionar aos espíritos sofredores, é preciso saber de que maneira ela atua.[26]

Aquele que compreende o processo de atuação da prece ora com mais fervor, pela certeza que tem de não orar em vão.

65. PRECE PARA OS ESPÍRITOS QUE SOFREM – 1

Deus de bondade e misericórdia, que a Sua bondade se estenda sobre todos os espíritos que são recomendados às nossas preces; particularmente sobre a alma de X (falar o nome da pessoa).

Bons espíritos que têm por única ocupação fazer o bem, intercedam pelo alívio desse(a) nosso(a) irmão(ã). Façam que brilhe, diante dos seus olhos, um raio de esperança e que a luz divina o(a) esclareça sobre as imperfeições que o(a) conservam distante da morada dos bem-aventurados.

Abram-lhe o coração ao arrependimento e ao desejo de se aperfeiçoar para que o seu adiantamento se acelere. Que ele(a) compreenda que pode encurtar a duração de suas provas por seus esforços.

Que Deus, em sua misericórdia, dê-lhe a força de perseverar nas boas decisões!

Que essas palavras cheias de amizade possam suavizar suas penas, mostrando que há na Terra seres que se compadecem dele(a) e lhe desejam toda a felicidade.

---

26 O Evangelho segundo o Espiritismo, capítulo 27, itens 9 a 18.

66. PRECE PARA OS ESPÍRITOS QUE SOFREM – 2

Senhor, suplico que espalhe as graças do Seu amor e da Sua misericórdia por todos aqueles que sofrem, tanto no plano espiritual quanto entre os encarnados. Tenha piedade das nossas fraquezas.

Somos falíveis, mas temos a capacidade para resistir ao mal e vencê-lo. Que a Sua misericórdia se estenda sobre todos aqueles que não puderam resistir às suas más tendências e se deixam arrastar por maus caminhos.

Que os bons espíritos os cerquem; que a Sua luz brilhe aos seus olhos e que, atraídos pelo calor vivificante dessa luz, coloquem-se aos Seus pés, humildes, arrependidos e submissos.

Pai de misericórdia, pedimos igualmente por aqueles irmãos que não tiveram forças para suportar suas provas terrenas. O Senhor nos deu um fardo a carregar, e só aos Teus pés temos de depositá-lo. Mas é grande a nossa fraqueza e a coragem nos falta algumas vezes ao longo da jornada.

Tenha compaixão desses servos descuidados que abandonaram o trabalho antes da hora. Que a Sua justiça os proteja e que os bons espíritos levem a eles o alívio, as consolações e as esperanças no futuro.

A perspectiva do perdão fortalece a alma. Mostre-a, Senhor, aos culpados que se desesperam e, sustentados por essa esperança, eles possam extrair forças na amplitude de suas faltas e de seus sofrimentos, a fim de resgatarem o passado e se prepararem para conquistar o futuro.

67. CONSIDERAÇÕES SOBRE UM INIMIGO QUE MORREU

A caridade para com os nossos inimigos deve acompanhá-los ao além-túmulo. Precisamos ponderar que o mal que eles nos fizeram foi para nós uma prova que será favorável ao nosso adiantamento se soubermos aproveitá-la.

Esse mal pode ter sido até mesmo de maior proveito do que as aflições puramente materiais, pelo fato de desenvolvermos a coragem, a resignação, a caridade e o esquecimento das ofensas.

68. PRECE EM FAVOR DE UM INIMIGO QUE DESENCARNOU

Deus, o Senhor chamou a alma de X (falar o nome da pessoa) antes da minha. Perdoo-lhe o mal que me fez e as más intenções que nutriu com referência a mim. Possa ele(a) arrepender-se disso, agora que já não alimenta as ilusões deste mundo.

Pai, que a Sua misericórdia desça sobre ele(a) e afaste de mim a ideia de me alegrar com a sua morte. Se cometi faltas contra ele(a), que elas me sejam perdoadas, assim como esqueço as que cometeu comigo.

69. CONSIDERAÇÕES SOBRE UM CRIMINOSO

Se a eficácia das preces fosse proporcional à extensão delas, as mais longas deveriam ficar reservadas para os mais culpados, porque eles têm mais necessidade do que aqueles que viveram corretamente.

Recusá-las aos criminosos é faltar com a caridade e desconhecer a misericórdia de Deus. Julgá-las inúteis quando um homem tenha praticado tal ou qual erro seria prejulgar a Justiça do Altíssimo.

70. PRECE POR UM CRIMINOSO

Senhor de misericórdia, acolha esse criminoso que acaba de deixar o plano físico. A justiça dos homens o puniu, mas isso não o isentará da Sua se o arrependimento não penetrou o seu coração.

Tire dos seus olhos a venda que lhe oculta a gravidade de suas faltas. Possa o seu arrependimento merecer do Pai o bondoso acolhimento para diminuir os sofrimentos de sua alma!

Possam também as nossas preces e a intercessão dos bons espíritos levar-lhe esperança e consolação, inspirar-lhe o desejo de reparar suas ações más numa nova existência e dar-lhe forças para não sucumbir nas novas lutas que enfrentará!

Senhor, tenha piedade dele!

71. CONSIDERAÇÕES SOBRE UM SUICIDA

Qualquer criatura jamais tem o direito de dispor da sua vida, porque só a Deus cabe retirá-la do cativeiro da Terra quando julgue oportuno.

Todavia, a Justiça Divina pode abrandar os rigores da vida de acordo com as circunstâncias reservando, porém, toda a severidade para com aquele que quis se retirar das provas da vida.

O suicida é qual prisioneiro que foge da prisão, antes de cumprida a pena. Quando preso de novo, é mais severamente tratado. O mesmo acontece com o suicida, que julga escapar às misérias do presente e mergulha em desgraças maiores.

72. PRECE POR ALGUÉM QUE SE SUICIDOU

Pai, sabemos qual é o terrível sofrimento que espera os que desobedecem a Sua lei, abreviando voluntariamente seus dias; mas também sabemos que a Sua misericórdia é infinita.

Rogamos que a estenda sobre a alma de X (falar o nome da pessoa). Possam as nossas preces e a Sua compaixão abrandarem a intensidade dos sofrimentos que ele(a) está experimentando por não ter a coragem de aguardar o fim de suas provas.

Bons espíritos que têm por missão assistir os infelizes, tomem nosso(a) irmão(ã) sob as suas proteções, inspirem a ele(a) o pesar pela falta que cometeu.

Que a assistência de vocês lhe dê forças para suportar, com mais resignação, as novas provas por que terá de passar a fim de reparar essa. Afastem dele(a) os maus espíritos, capazes de o(a) induzirem novamente para o mal e prolongar os seus sofrimentos, fazendo-o(a) perder o fruto de suas futuras provas.

A você, irmão(ã), cuja infelicidade motiva as nossas preces, também expressamos o desejo de que a nossa compaixão diminua o seu sofrimento e faça nascer no seu íntimo a esperança de um futuro melhor! Esse futuro está em suas mãos. Confie na bondade de Deus, que se abre a todos os arrependimentos e só não está ao alcance dos corações endurecidos.

73. CONSIDERAÇÕES SOBRE OS ESPÍRITOS ARREPENDIDOS

Seria injusto incluir na categoria dos espíritos maus os sofredores e arrependidos que pedem preces. Eles podem ter sido maus, mas já não são mais desde que reconhecem suas faltas e as lamentam. São apenas infelizes. Já existem alguns que começaram mesmo a viver relativa felicidade.

74. PRECE PELOS ESPÍRITOS ARREPENDIDOS E SOFREDORES

Deus de infinita misericórdia, que aceita o arrependimento sincero do pecador encarnado ou desencarnado; aqui está um espírito que se satisfazia no mal, mas que reconhece seus erros e entra no bom caminho. Senhor, receba-o como filho pródigo e o perdoe.

Bons espíritos, ele agora deseja ouvir a voz de vocês; vozes que até hoje ele desatendeu. Permitam que ele entreveja a felicidade dos que se fizeram eleitos do Senhor a fim de que permaneça no desejo de se purificar para alcançá-la. Amparem suas boas resoluções e deem a ele as forças para resistir aos seus maus instintos.

X (falar o nome da pessoa), nós te felicitamos pela mudança que ocorreu em você e agradecemos aos bons espíritos que o ajudaram.

Se, no passado, você gostava de fazer o mal, era porque não compreendia o quanto é doce a satisfação de fazer o bem. Também se sentia baixo demais para esperar conseguir fazer o bem.

Mas, desde o momento em que pôs os pés no bom caminho, uma luz nova brilhou aos seus olhos; começou a sentir uma felicidade que desconhecia e a esperança entrou no seu coração. Deus sempre ouve a prece do pecador que se arrepende e não rejeita a nenhum dos que O buscam.

Para entrar de novo e completamente na Sua graça, esforce-se daqui por diante para não praticar mais o mal; mas também para fazer o bem e, sobretudo, reparar o mal que fez. Estará então satisfeito diante da Justiça de Deus, e cada uma das boas ações que praticar apagará uma das suas faltas passadas.

Já está dado o primeiro passo; agora, quanto mais avançar no caminho, tanto mais fácil e agradável ele parecerá. Persevere e, um dia, terá a glória de ser considerado como um entre os espíritos bons e os bem-aventurados.

75. CONSIDERAÇÕES SOBRE OS ESPÍRITOS ENDURECIDOS

Os maus espíritos são aqueles que ainda não sentiram o arrependimento pelas suas atitudes ruins; que se satisfazem no mal e não sentem pesar por isso. São insensíveis às correções, rejeitam a prece e, muitas vezes, amaldiçoam Deus.

São essas almas endurecidas que, após a morte, vingam-se nas pessoas que suportam sofrimentos e perseguem, com o seu ódio, aqueles a quem odiaram durante a vida; seja obsidiando-os, seja exercendo sobre eles qualquer influência negativa.

Existem duas categorias bem distintas de espíritos perversos:

A dos que são francamente maus. É infinitamente mais fácil reconduzi-los ao bem. São naturezas brutas e grosseiras, como se nota entre os homens; praticam o mal mais por instinto do que por cálculo e não procuram passar por melhores do que são.

Entretanto, há neles um gérmen latente que é preciso fazer desabrochar; algo que se consegue quase sempre por meio da perseverança, da firmeza aliada à bondade, dos conselhos, do raciocínio e da prece.

Através da mediunidade, o fato de eles encontrarem dificuldade para escrever ou falar o nome de Deus é sinal de um temor instintivo, de uma voz íntima da consciência que os faz se sentirem indignos de fazê-lo. Nesse ponto, estão próximos de se converterem, e tudo se pode esperar deles: basta que se encontre o ponto vulnerável em seu coração.

A dos hipócritas. Os espíritos hipócritas quase sempre são muito inteligentes, mas não possuem no coração uma fibra sensível. Nada os toca, simulam todos os bons sentimentos para captar a confiança e se sentem felizes quando encontram tolos que os aceitam como bons espíritos, pois, com isso, torna-se possível governar os crédulos à vontade.

Longe de lhes inspirar o menor temor, o nome de Deus lhes serve de máscara para encobrirem suas baixezas. Tanto no mundo invisível como no visível, os hipócritas são os seres mais perigosos, porque atuam na sombra sem que ninguém desconfie disso; têm apenas as aparências da fé, mas a fé sincera, jamais.

76. PRECE PELOS ESPÍRITOS IMPERFEITOS

Senhor, lance um olhar de bondade sobre os espíritos imperfeitos que ainda se encontram na treva da ignorância e o desconhecem, particularmente sobre X (dizer o nome do espírito).

Bons espíritos, ajudem-nos a fazer esse espírito compreender que, induzindo as pessoas ao mal, obsidiando e atormentando, ele prolonga os seus próprios sofrimentos. Façam que o exemplo da felicidade de sua natureza lhe seja um encorajamento.

Espírito X que ainda se compraz no mal, vem ouvir a prece que fazemos por você; ela provará que desejamos o seu bem apesar de você fazer o mal.

Você é infeliz porque ninguém pode ser feliz fazendo o mal.

Por que, então, permanecerá no sofrimento quando depende só de você evitá-lo?

Olhe os bons espíritos que o cercam, veja o quanto são felizes e se não seria mais agradável se usufruísse da mesma felicidade.

Dirá que é impossível ter essa felicidade, mas nada é impossível àquele que quer verdadeiramente algo, pois Deus deu a todas as

Suas criaturas a liberdade de escolher entre o bem e o mal, entre a felicidade e a desgraça, e ninguém se acha condenado a praticar o mal.

Assim como tem vontade de fazê-lo, também pode ter a de fazer o bem e de ser feliz.

Volte para Deus o seu olhar; dirija a Ele o seu pensamento por um instante, e um raio da divina luz virá iluminá-lo. Diga conosco estas simples palavras: "Meu Pai, eu me arrependo, perdoe-me!".

Tente se arrepender e faça o bem em vez de fazer o mal, e verá que logo a Sua misericórdia descerá sobre você, que um bem-estar extraordinário substituirá as angústias que experimenta.

Desde que você dê um passo no bom caminho, o resto dele parecerá fácil de percorrer. Compreenderá, então, quanto tempo de felicidade perdeu por responsabilidade sua.

Um futuro radioso e pleno de esperança se abrirá diante de você e o fará esquecer o seu miserável passado, cheio de perturbação e de torturas morais, que lhe seriam o inferno se durassem eternamente.

Um dia virá em que essas torturas serão tão intensas que desejará fazer que parem a qualquer preço, mas quanto mais se demorar, tanto mais difícil isso será.

Não creia que permanecerá sempre no estado em que está. Não, isso é impossível. Há duas perspectivas diante de você: a de sofrer muitíssimo mais do que tem sofrido até agora e a de ser feliz como os bons espíritos que o rodeiam. A primeira será inevitável, se persistir na sua teimosia em permanecer no mal quando um simples esforço da sua vontade bastará para tirá-lo da má situação em que se encontra.

Apresse-se, pois, uma vez que cada dia de demora é um dia perdido para a sua felicidade.

Bons espíritos, façam com que estas palavras ecoem nessa alma ainda atrasada, a fim de que a ajudem a se aproximar de Deus. Nós pedimos isso em nome de Jesus-Cristo, que tem tão grande poder sobre os espíritos imperfeitos.

PRECES PELOS DOENTES E PELOS OBSIDIADOS

77. CONSIDERAÇÕES SOBRE OS DOENTES

As doenças fazem parte das provas e dos desafios da vida terrena; são próprias da imperfeição da nossa natureza material e da inferioridade do mundo que habitamos.

As paixões e os excessos de toda ordem semeiam em nós germens doentios, às vezes hereditários. Nos mundos mais adiantados, física e moralmente, o organismo humano é mais depurado e menos material; não está sujeito às mesmas enfermidades e o corpo não é minado surdamente pelo corrosivo das paixões.

Assim, temos de aceitar as consequências do meio onde a nossa inferioridade nos coloca, até que mereçamos passar para outro.

No entanto, isso não impede que, enquanto esperamos que tal ocorra, façamos o que depende de nós para melhorar as nossas condições atuais.

Se, apesar dos nossos esforços, não o conseguirmos, o Espiritismo nos ensina a suportar com resignação os nossos passageiros males.

Se Deus não quisesse que os sofrimentos corporais diminuíssem em certos casos, não teria colocado os meios de cura ao nosso alcance. A esse respeito, a Sua disposição, em conformidade com o instinto de conservação, indica que é nosso dever procurar esses meios e aplicá-los.

Independente da medicação comum elaborada pela Ciência, o magnetismo nos esclarece sobre o poder da ação fluídica e o Espiritismo nos revela outra força poderosa na mediunidade curadora e na influência da prece.

78. PRECE A SER FEITA PELO PRÓPRIO DOENTE

Deus, que é toda a justiça, eu mereço a enfermidade que me alcança, porque o Senhor nunca permite um sofrimento sem causa. Para minha cura, eu me confio à Sua infinita misericórdia.

Se for do Seu agrado restituir-me a saúde, bendito seja o Seu nome. Se, ao contrário, devo sofrer mais um pouco, bendito seja o Seu nome do mesmo modo. Submeto-me, sem queixas, às Suas sábias metas, porque tudo o que faz só pode ter por fim o bem das Suas criaturas.

Meu Pai, faça que esta enfermidade seja para mim um aviso saldável e que me leve a refletir sobre a minha conduta. Aceito-a como uma correção do passado e como uma prova para a minha fé e a minha submissão à Sua vontade.

79. PRECE A SER FEITA PARA O DOENTE

Meu Deus, os Seus desígnios são impenetráveis e, na Sua sabedoria, entendeu que a doença deve atormentar a X (falar o nome da pessoa).

Eu suplico que lance um olhar de compaixão sobre os seus sofrimentos e permita pôr um fim neles.

Bons espíritos, ministros de Deus, peço-lhes que apoiem o meu desejo de aliviá-lo(a); encaminhem o meu pensamento até ele(a), a fim de que vá derramar um alívio benéfico em seu corpo e a consolação em sua alma.

Inspirem nele(a) a paciência e a submissão à vontade do Senhor; deem a ele(a) a força de suportar suas dores com resignação cristã, a fim de que não perca o fruto desta prova.

80. PRECE PARA SER DITA PELO MÉDIUM CURADOR

Meu Deus, se, indigno como sou, o Senhor tem a bondade de se servir de mim, poderei curar esta enfermidade, se assim o quiser, porque eu deposito fé na Sua misericórdia. Mas, sem ela, nada posso.

Permita que os bons espíritos me encham de seus fluidos benéficos, a fim de que eu os transmita a esse doente, e livre-me de toda ideia de orgulho e de egoísmo que possa alterar suas purezas.

81. CONSIDERAÇÕES SOBRE OS OBSIDIADOS

A obsessão é a ação persistente que um espírito mau exerce sobre um indivíduo. Apresenta caracteres muito diversos, desde a simples influência moral, sem sinais exteriores perceptíveis, até a perturbação completa do organismo e das faculdades mentais. Ela obscurece todas as faculdades mediúnicas e se traduz, na mediunidade escrevente, pela insistência de um espírito em se manifestar, com exclusão de todos os outros.

> ➤ Os espíritos maus surgem em torno da Terra em virtude da inferioridade moral de seus habitantes. A ação terrível que eles desenvolvem faz parte dos sofrimentos com que a Humanidade se vê envolvida neste mundo. A obsessão, como as enfermidades e todas as dificuldades da vida, deve ser considerada e aceita como prova ou expiação.

As doenças:

- São o resultado das imperfeições físicas que tornam o corpo acessível às influências prejudiciais exteriores;
- Causas físicas se opõem a forças físicas;
- Para preservar uma pessoa das enfermidades, fortifica-se o corpo.

As obsessões:

- São o resultado de uma imperfeição moral que dá acesso a um espírito mau;
- A uma causa moral tem de se opor uma força moral;
- Para livrar uma pessoa da obsessão, é preciso fortificar sua alma, é necessário que o obsidiado trabalhe pela sua própria melhoria, o que é suficiente para livrá-lo do obsessor sem recorrer a terceiros;

- O auxílio de outras pessoas se faz indispensável quando a obsessão piora, transformando-se em subjugação e em possessão, pois frequentemente o paciente perde a vontade e o livre-arbítrio;
- Quase sempre, a obsessão exprime a vingança que um espírito realiza e que, com frequência, baseia-se nas relações que o obsidiado manteve com ele em existências anteriores.

Nos casos de obsessão grave, o obsidiado se acha como que encharcado de um fluido tóxico, que neutraliza e repele a ação dos fluidos saudáveis. É desse fluido nocivo que se deve soltá-lo.

Entretanto, um fluido mau não pode ser eliminado por outro fluido mau. É preciso que se elimine o fluido mau com o auxílio de um fluido melhor, que produza, de certo modo, o efeito de uma reação a ele; o que pode ser feito por uma ação semelhante à do médium curador nos casos de enfermidade. Essa é uma ação mecânica, mas que não basta.

- Sobretudo, é necessário que se atue sobre o ser inteligente, ou seja, o espírito que obsidia; ao qual se tem de falar com a autoridade que só existe onde há superioridade moral. Quanto maior for esta, tanto maior será igualmente a autoridade.

E não é tudo. Para garantir-se a libertação:

- É indispensável induzir o espírito perverso a renunciar aos seus maus desígnios;
- Fazer que despontem nele o arrependimento e o desejo do bem, por meio de instruções habilmente ministradas, em evocações particulares, objetivando a sua educação moral.

Pode-se, então, ter a dupla satisfação de libertar um encarnado e de converter um espírito imperfeito.

A tarefa é mais fácil quando o obsidiado, compreendendo a sua situação, ajuda com sua vontade e com suas preces. Mas isso não dá resultado quando o obsidiado, seduzido pelo espírito enganador, ilude-se com relação às qualidades daquele que o domina, e se o obsidiado acha agradável o erro em que obsessor o lança. Então, longe de apoiar quem o quer ajudar, o obsidiado rejeita toda assistência. É o caso da fascinação, infinitamente mais rebelde do que a mais violenta subjugação.

> ► Em todos os casos de obsessão, a prece é o mais poderoso auxiliar de quem deseja atuar sobre o espírito obsessor.

Observação: A cura das obsessões graves requer muita paciência, perseverança e dedicação. Exige também conhecimento e habilidade, a fim de encaminhar para o bem espíritos muitas vezes perversos, endurecidos e astuciosos, pois alguns são extremamente rebeldes. Na maioria dos casos, temos de nos guiar pelas circunstâncias. Porém, qualquer que seja o caráter do espírito, nenhum resultado se obtém pela imposição ou pela ameaça, e isso é um fato incontestável

Toda influência reside na ascendência moral. Outra verdade, igualmente comprovada tanto pela experiência quanto pela lógica, é a completa ineficácia dos exorcismos, das fórmulas, das palavras sacramentais, dos amuletos, dos talismãs, das práticas exteriores ou de quaisquer sinais materiais.

A obsessão muito prolongada pode ocasionar desordens patológicas e precisa, muitas vezes, de um tratamento simultâneo ou em seguida, seja ele magnético, seja ele **médico, para restabelecer a saúde do organismo. Destruída a causa, resta combater os efeitos.**

82. PRECE PARA SER DITA PELO OBSIDIADO

Meu Deus, permita que os bons espíritos me livrem do espírito mau que se ligou a mim. Se é uma vingança que tem por base os erros que fiz no passado, o Senhor a consente para minha reabilitação e eu sofro a consequência da minha falta. Que o meu arrependimento consiga para mim o Seu perdão e a minha liberdade!

Mas, seja qual for o motivo, imploro para o meu perseguidor a Sua misericórdia. Mostre a ele o caminho do progresso, que o desviará do pensamento de praticar o mal. Possa eu, de meu lado, retribuindo o mal com o bem, induzi-lo a melhores sentimentos.

Mas, Pai, também sei que são as minhas imperfeições que me tornam passível das influências dos espíritos imperfeitos. Dê-me a luz de que necessito para reconhecê-las; mas, sobretudo, combata em mim o orgulho que me cega com relação aos meus defeitos.

Minha indignidade deve ser grande, pois que um ser ruim me pode subjugar!

Deus, faça que este golpe dado na minha vaidade me sirva de lição para o futuro; que ele fortifique a decisão que tomo de me melhorar pela prática do bem, da caridade e da humildade, a fim de opor, daqui por diante, uma barreira às más influências.

Senhor, dê-me forças para suportar esta prova com paciência e resignação. Compreendo que, como todas as outras, ela irá ajudar no meu adiantamento se eu não lhe estragar o fruto com as minhas queixas; ela me proporciona oportunidade de mostrar a minha submissão e de exercitar minha caridade para com um irmão infeliz, perdoando-lhe o mal que me fez.

83. PRECE PARA SER DITA EM FAVOR DO OBSIDIADO

Deus soberanamente justo, bom e poderoso, dê-me o poder de libertar X (dizer o nome da pessoa) da influência do espírito que o obsidia.

Se está nos Seus desígnios pôr fim a essa prova, conceda-me a graça de falar com autoridade a esse espírito.

Bons espíritos que me assistem e o anjo guardião deste espírito sofredor, dê-me a colaboração de vocês; ajudem-me a livrá-lo dos fluidos tóxicos em que se acha envolvido.

Em nome de Deus Onipotente, mando que se retire o espírito ruim que o atormenta.

84. PRECE PELO ESPÍRITO OBSESSOR

Deus profundamente bom, imploro a Sua misericórdia em favor do espírito que obsidia X (dizer o nome da pessoa). Faça-o entrever as divinas claridades, a fim de que reconheça que o caminho em que está empenhado é falso.

Bons espíritos, ajudem-me a fazê-lo compreender que ele tem tudo a perder praticando o mal e tudo tem a ganhar fazendo o bem.

Espírito que se compraz em atormentar X (dizer o nome da pessoa), escute-me, pois que falo com você em nome de Deus.

Se quiser refletir, compreenderá que o mal nunca vai superar o bem e que você não pode ser mais forte do que o Pai e os bons espíritos. Seria possível a Eles preservar X (dizer o nome da pessoa) dos seus ataques; se não o fizeram, foi porque ele(a) tinha de passar por uma prova. Mas, quando essa prova chegar a seu fim, toda ação sobre sua vítima será proibida. O mal que fizer, em vez de prejudicá-la, terá contribuído para o seu adiantamento e para torná-la mais feliz. Assim, a sua maldade foi empregada em pura perda e se voltará contra você.

Deus, que é todo-poderoso, e os espíritos superiores, seus delegados, mais poderosos do que você, serão capazes de pôr fim a essa obsessão, e a sua resistência se quebrará de encontro a essa autoridade suprema, mas Ele quer deixar para você o mérito de fazer com que ela pare pela sua própria vontade, e isso é bom. É um adiamento que está sendo dado a você; se não o aproveitar, sofrerá as tristes consequências. Grandes e cruéis sofrimentos o(a) esperarão. Será forçado a suplicar a piedade e as preces da sua vítima, que desde já o(a) perdoa e ora por você, o que constitui grande merecimento aos olhos de Deus e apressará a libertação dela.

Reflita enquanto ainda é tempo, uma vez que a Justiça de Deus cairá sobre você, como sobre todos os espíritos rebeldes. Entenda que o mal que pratica neste momento terá um limite e, se insistir nesse capricho, os seus sofrimentos aumentarão continuamente.

Quando estava no plano físico, você não teria considerado estúpido sacrificar um grande bem por uma pequena satisfação de momento? O mesmo acontece agora, quando está no plano espiritual. O que ganha com o que faz? O triste prazer de atormentar alguém? Diga o que disser, isso não impede que você seja infeliz e se torne ainda mais desgraçado.

Além disso, veja o que está perdendo; observe os bons espíritos que te cercam e diga se a situação deles não é preferível à tua. Da felicidade que têm você também partilhará quando quiser. Que é preciso para isso? Pedir isso ao Pai e fazer o bem em vez do mal.

Sei que não pode se transformar repentinamente; mas Deus não exige o impossível; quer apenas a boa vontade. Experimente e nós o(a) ajudaremos. Faça com que, em breve, possamos dizer em seu favor a prece pelos espíritos penitentes e não mais considerá-lo(a) entre os maus espíritos, enquanto não esteja entre os bons, ainda.

FICHA TÉCNICA

TÍTULO
Preces Espíritas

ESCRITA E ORGANIZAÇÃO
Allan Kardec

AUTORIA
O Espírito da Verdade (baseado no Novo Evangelho de Jesus Cristo)

EDIÇÃO
1ª

ISBN da 1ª Edição Impressa
978-65-87210-29-2

ISBN da 1ª Edição Digital (ePub)
978-65-87210-30-8

COORDENAÇÃO EDITORIAL
Ednei Procópio

PREPARAÇÃO DE ORIGINAIS
Maria José, Ednei Procópio e Irene Stubber

REVISÃO ORTOGRÁFICA
Mariana Frungilo

REVISÃO DA DIAGRAMAÇÃO
Ednei Procópio e Irene Stubber

PROJETO GRÁFICO E DIAGRAMAÇÃO
César Oliveira

CAPA
César Oliveira

COMPOSIÇÃO
Adobe Indesign CC, plataforma Windows

PÁGINAS
160

TAMANHO DO MIOLO
Miolo: 16 x 23 cm
Capa: 16 x 23 cm com orelhas de 8 cm

TIPOGRAFIA
Texto principal: Minion Pro, 13/17
Título: Baskerville Old Face, 18/20
Notas de rodapé: Minion Pro, 10/14

MARGENS
25 mm: 25 mm: 25 mm: 25 mm
(superior:inferior:interna;externa)

PAPEL
Miolo em Off set 65 g/m2
Capa Suzano Supremo 250 g/m2

CORES
Miolo 1x1 cores CMYK
Capa em 4x0 cores CMYK

ACABAMENTO
Miolo: brochura, cadernos costurados e colados.

Capa: brochura, laminação BOPP fosca.

PRODUÇÃO
Junho/2022

IMPRESSÃO
AtualDV (Curitiba/PR)

TIRAGEM
Short Run (impresso sob demanda)

NOSSAS
PUBLICAÇÕES

Livros que transformam vidas!

Acompanhe nossas redes sociais

(lançamentos, conteúdos e promoções)

@editoradufaux

facebook.com/EditoraDufaux

youtube.com/user/EditoraDufaux

Conheça nosso catálogo e mais sobre nossa editora. Acesse os nossos sites

Loja Virtual

www.dufaux.com.br

eBooks, conteúdos gratuitos e muito mais

www.editoradufaux.com.br

Entre em contato com a gente.

Use os nossos canais de atendimento

(31) 99193-2230

(31) 3347-1531

www.dufaux.com.br/contato

sac@editoradufaux.com.br

Rua Contria, 759 | Alto Barroca | CEP 30431-028 | Belo Horizonte | MG